Haus auf dem
f in Gettorf
01 Die Tauchgondel in Zingst
01 Die Tauchgondel in Sellin
01 Die Tauchgondel in Grömitz
03 Das Haus auf dem Kopf in Putbus
03 Das Haus auf dem Kopf in Trassenheide
01 Die Tauchgondel in Zinnowitz
s Zusatzstoff-
seum in Hamburg
05 Ritter Kahlbutz in Neustadt (Dosse)
Haus auf dem
f in Bispingen
06 Der Spreepark in Berlin
07 Das Currywurst-museum in Berlin
08 Das Baumhaus an der Mauer in Berlin
09 Alexandrowka in Potsdam
12 Das längste Konzert der Welt in Halberstadt
14 Die Teufelsmauer bei Blankenburg
15 Der Harzer Naturistenstieg bei Wippra
17 Der schiefe Turm in Bad Frankenhausen
Stinksteinwand
Frankershausen
03 Das Haus auf dem Kopf in Leuna
19 Der Sauriergarten in Großwelka

KOMISCH, KAUZIG UND KURIOS

Maike Hettinger

KOMISCH, KAUZIG UND KURIOS

Ein Sammelsurium deutscher Sehenswürdigkeiten

THEISS

Wenn jemand eine Reise tut, so kann er was verzählen.

Matthias Claudius

PROLOG

Deutschland hat laut dem „CIA World Factbook" eine Landfläche von 348 672 km², eine Wasserfläche von 8350 km² und 2389 km Küste. Wir besitzen 644 480 km Straßennetz und liegen mit 41 981 km Bahngleisen weltweit gesehen auf Platz 6.

Beste Voraussetzungen für einen Urlaub im eigenen Land, sollte man meinen. Und in der Tat, eines der Lieblingsurlaubsländer der Deutschen ist Deutschland. Jede dritte Urlaubsreise hat, laut dem Deutschen ReiseVerband, einen Ort der Bundesrepublik zum Ziel. Jeder mag da sein ganz spezielles Lieblingsreiseziel haben. Nach wie vor gehören der Kölner Dom, die Dresdner Frauenkirche, das Brandenburger Tor, das Schloss Neuschwanstein und natürlich der Dresdener Zwinger zu den beliebtesten. Jahr für Jahr ziehen diese beeindruckenden Sehenswürdigkeiten eine große Zahl von Besuchern an.

Mir persönlich sind diese Reiseziele, und da mag es Ihnen vielleicht ähnlich gehen, schon recht gut bekannt. Ich bin neugierig darauf, was es auf den 348 672 km² Deutschland sonst noch gibt, was vielleicht ebenso eine Reise wert ist wie der Kölner Dom, und von dem ich möglicherweise noch nie etwas gehört habe. Grund genug, sich auf die Suche zu machen nach den unbekannten, den außergewöhnlichen und ganz besonderen Sehenswürdigkeiten.

Über 11 000 km habe ich für dieses Buch kreuz und quer durch die Bundesrepublik zurückgelegt, war wirklich überrascht, wie viele spannende Dinge es in Deutschland abseits der großen Ausflugsrouten gibt, und habe sogar so viel entdeckt, dass dieses Buch nur eine Auswahl der Vielfalt zeigen kann. Viele der kleinen und großen Dinge, die hier vorgestellt werden, lassen die deutsche Geschichte äußerst greifbar und lebendig werden, und gerade das macht sie allesamt zu ganz besonderen Reisezielen.

Ebenso wie die Sehenswürdigkeiten keine Ausflugsziele im klassischen Sinne sind, so ist auch dieses Buch etwas anders. Sie werden hier keine Fotos finden, sondern ausschließlich Illustrationen zu den Geschichten hinter den Dingen – stets mit der Absicht, dass Sie, lieber Leser, selbst aufbrechen und sich auf die Reise machen, um vor Ort zum Entdecker zu werden. In diesem Sinne wünsche ich Ihnen viel Freude beim Erkunden dieses Buches und viel Spaß beim Reisen.

Die Zahlen markieren die Standorte der Sehenswürdigkeiten.

Mehrfachnennung weist auf mehrere Standorte hin.

INHALT

auf tauch station

„Das Meer bedeckt sieben Zehntel der Erdoberfläche, und der Seewind ist rein und gesund. In dieser unermesslichen Einöde ist der Mensch doch nie allein; denn er fühlt das Leben um ihn herum; ein übernatürliches wundervolles Dasein rührt sich in demselben; es ist nur Bewegung und Liebe.“
(Jules Verne, 20 000 Meilen unter dem Meer)

Einmal Eintauchen in die Unterwasserwelt – nur wenige hatten wohl schon die Chance in einem U-Boot zu fahren und wie Kapitän Nemo die Faszination des Ozeans zu erleben. Seit 2006 gibt es nun aber die Möglichkeit, ganz ohne Vorkenntnisse und trockenen Fußes einen Tauchgang in die Ostsee anzutreten. In Zinnowitz hat man dazu eine Tauchgondel entwickelt, die, angetrieben von zwei Elektromotoren, an einem Pfeiler ins Wasser abtaucht. In 3,5 Meter Tiefe kann man das Leben in der Ostsee hautnah betrachten. Die Gondel bietet 24 Besuchern Platz, und während des etwa 45 Minuten dauernden Tauchgangs bekommt man von der Besatzung eine Einführung in das Leben des größten Brackwassermeeres der Welt.

Umgeben von grünlich schimmerndem Wasser kann der Besucher nun – je nach Sichtverhältnissen – verschiedene Fische, Muscheln und Krabben bewundern. Wer aber keine Dorsche, Heringe, Ohrenquallen, Plattfische und Miesmuscheln entdecken kann, muss nicht enttäuscht nach Hause fahren, denn unter Wasser bekommt der Besucher einen 3-D-Film gezeigt, der Einblicke verschafft in die Schönheit der Ostsee.

Weitere Tauchgondeln stehen in Sellin, in Zingst und in Grömitz. Alle vier Gondeln erfreuen sich bei den Besuchern großer Beliebtheit – wo sonst gibt es denn noch die Möglichkeit in einem U-Boot am Stiel und garantiert ohne Seekrankheit in die Welt des Meeres einzutauchen?

Je nach Sichtverhältnissen kann man Fische, Muscheln und Krabben bewundern.

01

Die Tauchgondeln in der Ostsee

Das Wrackmuseum zeigt Überbleibsel einer längst vergessenen Zeit.

SCHIFFE VERSENKEN

Zu Tausenden liegen sie auf dem Meeresgrund – versunkene Schiffe. Laut vagen Schätzungen sind es 3000–4000, die in den letzten Jahrhunderten vor unseren Küsten, in den Bereichen der Deutschen Bucht, der Ems-, Weser- und Elbmündung versanken. Mit ihnen verschwanden viele Schätze, Erinnerungen und Geschichten.

Peter Baltes hat es sich zur Aufgabe gemacht, diesen tragischen Teil der Seefahrt wieder ans Tageslicht zu holen. Aus dem Baggergut der Elbmündung barg der Zollbeamte allerhand Reste versunkener Schiffe, Anker, Masten, Schiffsschrauben und Wrackteile. Nachdem er 1978 seine gesammelten Schätze der Öffentlichkeit vorgestellt hatte, und dies auf reges Interesse beim Publikum stieß, begann er mit dem Aufbau des Wrackmuseums, welches dann 1980 in Cuxhaven eröffnet wurde. Neben den großen Exponaten sind es besonders die kleinen Dinge wie Kinderspielzeug, Nahrungsmittel und allerhand Alltagsgegenstände, die große Einblicke gewähren in die Geschichten der versunkenen Schiffe.

02

Das Wrackmuseum in Cuxhaven

Schnell wurde das Wrackmuseum bekannt und eine Vielzahl von Besuchern betrachtete die Privatsammlung. In seinen besten Zeiten besuchten jährlich etwa 60 000 Besucher die Ausstellung, die in einer ehemaligen Schule untergebracht wurde. Im Laufe der Jahre ging die Besucherzahl allerdings zurück, und so ging der „Kapitän des Wrackmuseums" 2006 „von Bord" und verabschiedete sich von seiner Sammlung. Da das Wrackmuseum mittlerweile 30 Jahre auf dem Buckel hat und vielen zwar als äußert urig aber nicht mehr zeitgemäß erscheint, sollen die Exponate voraussichtlich im Herbst 2013 umziehen. Die umfangreiche Sammlung an Überbleibseln einer längst vergessenen Zeit soll dann vom Staub befreit und zeitgemäßer präsentiert werden.

Als neuen Standort hat man sich auf Halle VII und VIII im Fischereihafengebiet geeinigt, sodass die Ausstellungsstücke also wieder Meeresluft schnuppern können. Das Wrackmuseum wird dann mit dem Fischereimuseum zusammengelegt und zukünftig den Namen „Windstärke 10" tragen. Ergänzt wird die neue Ausstellung durch Exponate und Gemälde aus der maritimen „Sammlung Peter Weber", die bisher im „Kleinen Schiffsmuseum" in Duhnen ausgestellt waren. Sowohl Wassernixen als auch Landeier können sich also auf eine spannende Mischung aus authentischen Ausstellungsstücken und modernen, interaktiven Medien freuen.

Ganz verabschieden möchte sich Peter Baltes indes aber nicht von den versunkenen Schiffen. Während in Cuxhaven fleißig am neuen maritimen Museum gebaut wird, legte er in Otterndorf Pläne für den möglichen Aufbau eines Wrackmuseums vor.

VERDREHTE WELT

VERDREHTE WELT

Schon mal auf dem Kopf Gitarre gespielt? Weltweit gibt es Kopfüber-Häuser, in denen man dieses und allerhand anderer Kunststücke vollbringen kann.

03

Häuser auf dem Kopf

Einmal wie Spiderman an der Decke laufen können, wer würde das nicht gerne ausprobieren? Immer wieder forschen Wissenschaftler an Techniken, die das ermöglichen sollen, wie beispielsweise künstlichen Gecko-Haaren. Wer nicht so lange warten mag, bis diese klebrigen Kunststoffhaare einmal serienreif sind, der hat seit einigen Jahren eine Alternative, die zumindest für ein Foto täuschend echt wirkt.

In mehreren nord- und ostdeutschen Ortschaften hat man Einfamilienhäuser errichtet, die auf dem Kopf stehen, genauer gesagt auf dem Dach. Und mit ihnen sind auch sämtliche Einrichtungsgegenstände, wie Tische und Schränke und sogar Küche und Bad am oberen Raumende befestigt. Betritt der Besucher nun diese Häuser, so läuft er praktisch die Decke entlang. Hat man sich einmal an das seltsame Gefühl gewöhnt, so kann man mit Hilfe von Fotoapparat und Videokamera verblüffende Aufnahmen erzeugen.

Wie wäre es beispielsweise, einen Handstand nur mit einem Finger zu machen oder ganz ohne die Hilfe der Hände kopfüber Gitarre zu spielen? Besonders echt wirken die so entstandenen „Beweisfotos“ durch die in den Häusern angebrachten Dekorationen, Vorhänge und Blumen.

Die deutschen Kopfüber-Häuser haben weltweit verrückte Nachbarn. Auch in Polen und Frankreich stehen Häuser Kopf. In Antalya und auf Mallorca sind sie eine gefragte Urlaubsattraktion, und in Japan hat man ein Restaurant kopfüber auf seinem rosaroten Dach platziert. Doch nicht überall finden die ungewöhnlichen Bauten Gefallen. Als der Künstler Dennis Oppenheim eine Kirche auf ihr spitzes Turmdach stellte, sodass sie dieses in den Boden rammte und die Installation auf den Namen „Device To Root Out Evil“ taufte, gab es Proteste, die Kirche musste ihren Platz in Vancouver verlassen. Besser als bei den kanadischen Nachbarn kommt da wohl das auf dem Kopf stehende weiße Haus in Wisconsin bei den Amerikanern an. Und auch in Wien stand die Welt eine Zeit lang Kopf, als der Künstler Erwin Wurm im MuseumsQuartier ein Einfamilienhaus verkehrt herum auf der Dachkante des MUMOK-Gebäudes anbrachte, das für den Betrachter so aussah, als würde es jeden Moment hinunterstürzen.

Obwohl die verdrehten Häuser in Deutschland nicht die einzigen ihrer Art sind, so sind sie in jedem Fall sehenswert, und der Besuch wird allen zweifellos viel Freude bereiten. Nur allzu lange sollte man es sich nicht gemütlich machen, denn fließend Wasser gibt es nicht, und der Besuch der Toilette wird sich als äußert schwierig herausstellen. Aber mal ehrlich, wer will schon wirklich kopfüber leben?

Wohl bekomm's!

In der EU kann das Essen mit einer großen Zahl an Stoffen eingefärbt werden.

04

Das Zusatzstoff-
museum in Hamburg

**Wer will guten Kuchen backen,
der muss haben sieben Sachen
Eier und Schmalz,
Zucker und Salz,
Milch und Mehl,
Safran macht den Kuchen gel.**

Das Backen eines leckeren Kuchens ist eine Leichtigkeit, nur eine Handvoll Zutaten wird benötigt – zumindest solange man diesem Kinderreim Glauben schenken darf. Ein Blick auf das Kleingedruckte der im Supermarkt gekauften Leckerei verrät schnell: Ganz so einfach scheint es in der Realität nicht zu sein. Eine lange Zutatenliste mit allerhand Abkürzungen schafft Verwirrung. Was macht das alles bloß in meinem Kuchen?

Das Deutsche Zusatzstoffmuseum in Hamburg klärt auf. Der Besucher erfährt, dass zur Herstellung von Lebensmitteln in der EU Tausende von Zusätzen wie Aroma- und Farbstoffe, Enzyme und Geschmacksverstärker beigemischt werden dürfen und dass viele von ihnen nicht einmal deklariert werden müssen. Die Ausstellung zeigt, wo nicht deklarierte Zusätze enthalten sein können, wie sie manchmal verschleiert werden und welche Möglichkeiten bestehen, auf derartige Zusätze zu verzichten.

Eröffnet wurde das Museum, ein Projekt der Hamburger Lebensmittelstiftung, im Jahre 2008. Zusammen mit dem Schülerlabor, das zahlreiche Experimental-Workshops rund ums Thema Essen anbietet, befindet es sich auf dem Gelände des Hamburger Großmarktes in Hammerbrook. Durch ein Drehtor an der Einfahrt führt der Weg zum Gebäude den Besucher vorbei an großen Hallen und zahlreichen LKWs. Das Museum selbst erinnert an einen Supermarkt. Anstatt der üblichen Lebensmittel findet der Besucher allerdings zahlreiche Fläschchen und Dosen, die E-Nummern, technologische Hilfsstoffe, Enzyme, Aromen und funktionale Additive enthalten. Infotafeln erläutern die Funktion und typische Anwendungsgebiete der Zusatzstoffe und klären auf über mögliche Risiken und Nebenwirkungen.

So ist bei deutschen Backwaren allerhand im Teig, was man beim Gang zum Bäcker gar nicht glauben mag. Eingesetzt werden unter anderem Enzyme, Emulgatoren, Cystein, Kunstsauer, Farbstoffe und Aromen. Und selbst bei Bioprodukten sind zahlreiche Zusatzstoffe erlaubt. Wer nun erstaunt sein sollte, dem sei ein Besuch im Zusatzstoffmuseum ans Herz gelegt. Und selbst diejenigen, die glauben, alles über ihre täglichen Lebensmittel zu wissen, werden hier noch einiges dazulernen – denn wer weiß schon, dass bereits 3500 v. Chr. im alten Ägypten Farbstoffe ins Essen gemischt wurden? Für diejenigen, die sich zu Hause gerne noch einmal in Ruhe mit der Materie beschäftigen möchten, bietet das Museum eine Zusammenstellung der Zusatzstoffe von A-Z an, die zum nächsten Einkauf einfach mitgenommen werden kann, denn:

**Was der Bauer nicht kennt,
das frisst er nicht.
Würde der Städter kennen,
was er frisst –
er würde umgehend Bauer werden.**

Oliver Hassencamp (1921–1988), dt. Schriftsteller

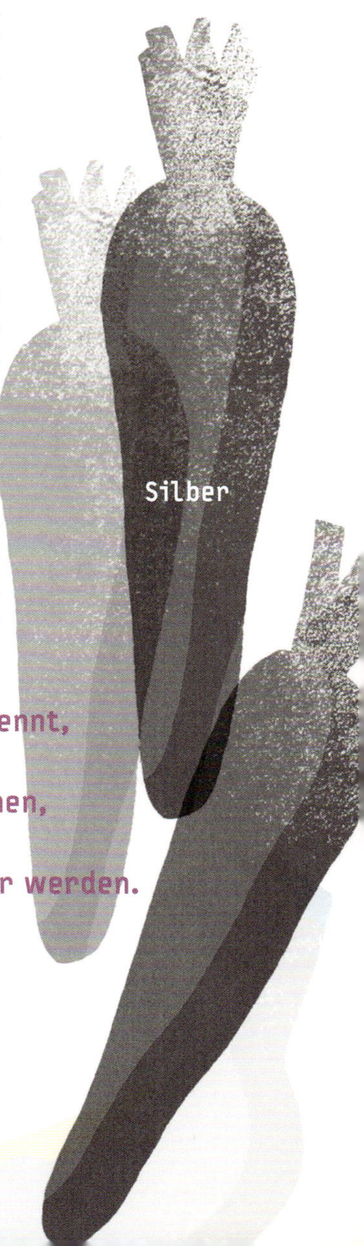

Umgeben von vielen grünen Wiesen und Feldern liegt das beschauliche Städtchen Neustadt an der Dosse. Weit entfernt vom Trubel großer Städte befindet sich hier außerdem die größte Gestütsanlage der Bundesrepublik, sodass der Ort seit einigen Jahren auch den Titel „Stadt der Pferde" trägt.

Bereits im 12. Jahrhundert begann man mit der Besiedelung des Neustädter Raumes. Beinahe ebenso alt ist die kleine Wehrkirche im Ortsteil Kampehl. Die Fassade der Kirche besteht aus großen dunklen Steinen, der Kirchturm ist aus Holz. Ein kleiner idyllischer Ort. Doch „Halt!" Neben einer Bank, direkt an einer Tür der Kirche, hängt ein weißes Schild:

„Besichtigt Ritter Kalebuz! Das biologische Rätsel – über 300 Jahre alt – bis heute wissenschaftlich ungelöst".

Man mag erahnen, dass sich hinter dieser Tür eine schaurige Sehenswürdigkeit befindet. Und in der Tat, das Schild verspricht nicht zu viel. In der Gruft der Kirche liegt, in einem hölzernen Kasten und bedeckt von einer Glasplatte, eine Mumie mit dunkler, beinahe lederner Haut. Die Augenhöhlen sind eingefallen, einige Zähne blitzen aus dem Mund hervor und die Hände liegen gefaltet auf der Brust der Gestalt, die einfach nicht verwesen mag – genauer gesagt dem Körper von Christian Friedrich von Kalebuz.

Ritter Christian Friedrich gehörte zur Familie von Kalebuz, die vom Ende des 17. Jahrhunderts bis 1783 Ortseigner in Kampehl waren. Er wurde 1651 geboren, nahm im Alter von 24 Jahren an der Schlacht bei Fehrbellin teil und wurde dabei am Knie verletzt. Als er daraufhin in seine Heimat zurückkehrte, schien ihn seine Verletzung nicht daran zu hindern, reichlich Gebrauch vom „Recht der ersten Nacht" zu machen, sodass es im Volksmund hieß, er habe 50 Kinder. Darüber hinaus erzählte man sich, dass ihm eines Tages eine Magd sein „Recht" verweigert habe und man wenig später ihren Verlobten erschlagen auffand. Als Feudalherr konnte sich Ritter Kalebuz vor Gericht mit dem sogenannten Reinigungseid freisprechen und schwor dabei: „Wenn ich doch der Mörder bin gewesen, dann wolle Gott, soll mein Leichnam nie verwesen."

Als Kalebuz dann im Alter von 52 Jahren verstarb, wurde seine Leiche in einem Gruftanbau beigesetzt. Wegen Renovierungsarbeiten aber öffnete man etwa 90 Jahre später den Sarkophag und fand, neben zwei verwesten Leichen, den mumifizierten Körper von Kalebuz. Es gibt zwar mögliche Theorien für das Phänomen, nach wie vor fehlt aber eine eindeutige wissenschaftliche Erklärung. So kann der über 300 Jahre alte Ritter Kalebuz auch heute noch in Kampehl besichtigt werden.

Ritter Kalebuz machte der Legende zufolge regen Gebrauch des „Rechts der ersten Nacht", dem „jus primae noctis".

IUS PRIMAE NOCTIS

Das Recht der ersten Nacht

05

Ritter Kalebuz in Neustadt (Dosse)

Quietschend und knarrend fährt die alte Parkbahn durch den Spreepark. Ihr Weg führt vorbei an überwucherten Fahrgeschäften und zerfallenen Häusern. Zwischen den Bäumen wird der Blick frei auf eine Wiese mit Dinosauriern – irgendwer hat T-Rex umgestoßen, sodass er auf dem Rücken liegt, und ihm einen Fuß abgesägt. Neugierig drehen die Besucher in der Bahn ihre Köpfe, als Christopher Flade von der Parkbahn springt, weil er ein Pärchen entdeckt hat, das einsam durch den Park irrt. Schließlich ist doch das Betreten des Parks ohne Führung nicht erlaubt; zu viel wurde von Randalierern in den letzten Jahren zerstört, und das Herumklettern auf dem Gelände ist außerdem nicht ungefährlich.

Für all diejenigen, die die Reste des Parks trotzdem gerne besichtigen wollen, bietet Christopher Flade zusammen mit dem vor Ort tätigen Wachschutz seit einigen Jahren Führungen an. Zwei Stunden dauert so ein Spaziergang, bei dem man allerhand über den Spreepark erfährt.

Die Geschichte des Freizeitparks beginnt im Jahr 1969, als der VEB Kulturpark im Plänterwald seine Tore öffnet – der Rummelplatz erfreut sich in der DDR großer Beliebtheit. Als die Mauer fällt, gehen die Besucherzahlen allerdings drastisch zurück. Ein privater Betreiber wird gesucht, die „Spreepark GmbH" erhält den Zuschlag.

Hinter dieser Betreibergesellschaft steht Familie Witte, deren Geschichte eng mit dem Park verbunden ist. Norbert Witte wächst als Sohn eines Schaustellers auf und tritt in dessen Fußstapfen. Mit eigenen Fahrgeschäften zieht er durch Deutschland, bis es im Jahr 1981 mit seiner Loopingbahn in Hamburg einen folgenschweren Unfall gibt, bei dem sieben Menschen sterben. Mit seiner Frau Pia und den Kindern reist er in der folgenden Zeit durch Jugoslawien, Italien und Deutschland. Nach dem Fall der Mauer betreibt Norbert Witte einige Fahrgeschäfte im Park.

Nachdem die „Spreepark GmbH" den Kulturpark übernimmt, werden viele neue Attraktionen geschaffen. 1997 wird der Plänterwald dann

Seit ihrem Beginn gleicht die Geschichte des Parks einer Berg- und Talfahrt.

unter Landschaftsschutz gestellt, und schlagartig entfallen 8,5 ha Fläche, die für die Erweiterung des Freizeitparks und für Parkplätze von enormer Bedeutung gewesen wären. In den folgenden Jahren gehen die Besucherzahlen immer weiter zurück, und die „Spreepark GmbH“ muss Insolvenz anmelden. Familie Witte reist mit einigen Fahrgeschäften nach Peru, bekommt diese jedoch monatelang nicht aus dem Zoll. Nobert Witte macht Schulden, nimmt Kredite auf und lässt sich schließlich auf ein verhängnisvolles Geschäft ein: Er soll Rohgold schmuggeln, das sich als Kokain entpuppt. Er erleidet mehrere Herzinfarkte und fliegt zur Behandlung nach Deutschland. Das Kokaingeschäft fliegt auf. Norbert Witte wird zu sieben Jahren und sein Sohn Marcel in Peru zu 20 Jahren Haft verurteilt.

In den folgenden Jahren gibt es mehrere Interessenten für den Spreepark, die aber nach genauer Prüfung der Gegebenheiten wieder abspringen. Der Park verfällt zusehends, langsam holt sich die Natur das Gelände zurück. Das Interesse am Spreepark ist aber weiterhin groß. In den letzten Jahren finden immer wieder Veranstaltungen statt, die Parkbahn wird wieder in Betrieb genommen und am Eingang ist das Café Mythos entstanden, das am Wochenende geöffnet hat. Die Zukunft des Parks bleibt indes ungewiss – und das Riesenrad dreht sich einzig und allein durch den Wind, der durch den Spreepark zieht.

ES GEHT UM DIE WURST

07

Das Currywurst-museum in Berlin

Am 4. September 1949 macht sich Herta Heuwer an die Arbeit. Sie mischt Tomatenmark mit zwölf indischen Gewürzen und kreiert damit eine pikante Soße, die sie später über eine kross gebratene Wurst gibt. Schnell wird die Wurstkreation bekannt und auf den Namen „Spezial-Curry-Bratwurst" getauft. Der Siegeszug der Currywurst beginnt und scheint nicht mehr zu stoppen.

MITTLERWEILE ESSEN ALLEIN DIE BERLINER ETWA 70 MILLIONEN STÜCK PRO JAHR.

An Herta Heuwers Imbissstand in der Kantstraße erinnert seit einigen Jahren schon eine eigens angefertigte Gedenktafel, die den Spruch „Ihre Idee ist Tradition und ewiger Genuss" trägt. Seit 2009 gibt es nun auch ein eigenes Museum für die Currywurst, das dem ganz besonderen Imbiss huldigt. In einer interaktiven Ausstellung wird hier allen Wurstfans viel Wissenswertes und Kurioses gezeigt.

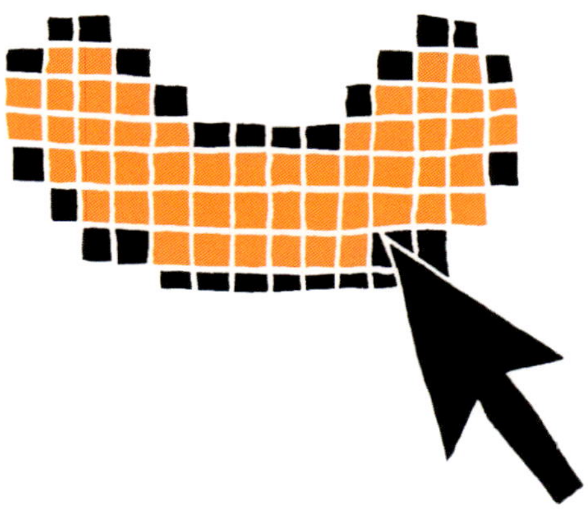

IN DER MITTE DES MUSEUMS TROPFT KETCHUP VON DER DECKE AUF RIESIGE POMMES.

Aus Ketchupflaschen tönt Musik, die Bestandteile des Curry wollen erschnuppert werden, und die Wurst wird als Filmstar gefeiert. Für alle ambitionierten Imbissbuden-Köche gibt es eine eigens errichtete Bude, bei der man backstage miterleben kann, wie die Wurst gebraten wird – sogar mit Brutzelgeräuschen. Zur Entspannung kann sich der Besucher entweder beim virtuellen Würstchenbraten versuchen oder es sich auf einer riesigen Wurst bequem machen. Die Ausstellung widmet sich aber nicht ausschließlich der Wurst. Auch die für den Verzehr wichtigen Utensilien wie Pommesgabel und Pappteller kommen nicht zu kurz, eine Erläuterung der „klassischen Imbissbudenarchitektur" inklusive.

DER ARCHITEKT JON VON WETZLAR HAT DREI GRUNDTYPEN DER IMBISSARCHITEKTUR BESTIMMT.

Zum Verinnerlichen des Ausstellungsthemas gibt es zum Schluss des Museumsbesuches für alle Besucher noch eine „Currywurst in the cup" im hauseigenen Imbiss. Und selbst als Vegetarier muss man nicht mit knurrendem Magen nach Hause gehen – es gibt wahlweise auch eine Tofuwurst.

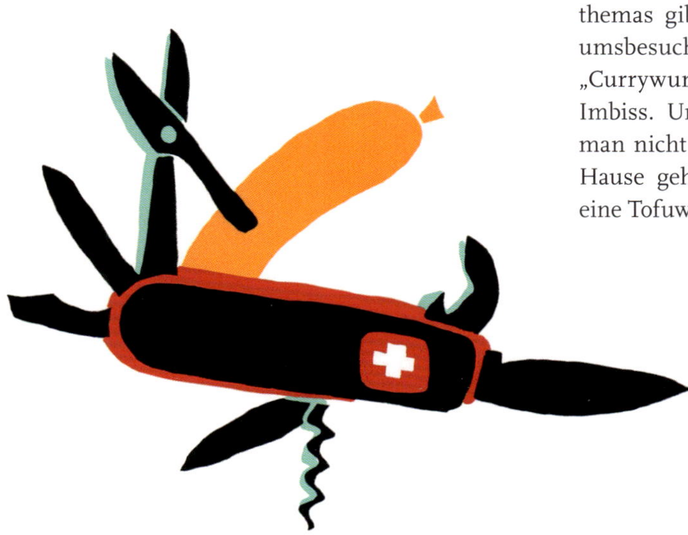

Der Siegeszug der Currywurst ist nicht mehr zu stoppen.

NIEMANDSLAND

Brandenburger Tor, Berliner Rathaus, Bundeskanzleramt, Reichstag und Gedächtniskirche – in Berlin gibt es so allerhand außergewöhnliche Bauten, die täglich von vielen Gästen aus der ganzen Welt besucht werden. **Ein weiteres, bei den meisten Touristen eher unbekanntes und doch ganz besonderes Gebäude steht in Berlin Kreuzberg: Das Baumhaus an der Mauer.**

Umgeben von einem Schrebergarten, in dem Tomaten, Paprika und Bohnen gedeihen, steht in der Köpenicker Straße ein zweistöckiges Holzhäuschen mit Balustrade und Veranda – kein Baumhaus im klassischen Sinne. Aus der Mitte der mit Graffiti verzierten Wand wächst ein Baum heraus, ein Bauzaun fungiert als Eingrenzung des Gartens, und im Wind wehen gemeinsam eine deutsche und eine türkische Flagge. Sofort ersichtlich: Der Architekt dieses Bretterheimes improvisiert beim Konstruieren mit allerhand alten Holzteilen und Übrigbleibseln.

Der Bauherr, Osman Kalin, war seit Kurzem in Rente, als er Mitte der 80er-Jahre auf die Idee kam, einen Garten anzulegen. Gegenüber seiner Wohnung sah er, direkt an der Berliner Mauer, ein schmales, dreieckiges Grundstück, das niemandem zu gehören schien. Osman Kalin befreite das Stückchen Land von Sperrmüll und Unrat, begann Gemüse anzubauen und stellte eine kleine Gartenlaube auf. Obwohl der Rentner offensichtlich auf der Westseite der Mauer gärtnerte, gehörte das Grundstück eigentlich zum Gebiet der DDR. Man hatte an dieser Stelle nicht den exakten Verlauf der Grenze berücksichtigt, sondern die Mauer begradigt. Schnell wurden die Grenzsoldaten auf Osman Kalin aufmerksam und statteten ihm einen Besuch ab. Als dieser vehement beteuerte, er wolle lediglich einen anatolischen Gemüsegarten anlegen, ließen sie ihn gewähren, allerdings unter der Voraussetzung, dass nichts im Garten höher als die Mauer wachsen dürfe.

Als die Mauer schließlich fiel, verschwanden auch alle Höhenbeschränkungen, die die DDR-Soldaten auferlegt hatten und Osman Kalin konnte sein kleines Gartenhäuschen endlich aufstocken.

Allerdings befand sich mit dem Fall der Mauer das Grundstück plötzlich nicht mehr an der Grenze, sondern mitten in der neu zusammengeführten Stadt. Zuständig für das Grundstück war nun das Bezirksamt Mitte, das das Gelände räumen wollte. Glücklicherweise hatte Osman Kalin die Anwohner Kreuzbergs, Pfarrer Müller von der Thomaskirche und den Kreuzberger Bürgermeister Schulz auf seiner Seite, die der Meinung waren, dass der Garten mental längst zu Kreuzberg gehöre. **2004 wechselte das kleine Grundstück dann tatsächlich den Besitzer, wurde Teil Kreuzbergs, und Osman Kalin erhielt bis auf Weiteres Bleiberecht.**

Zur Freude Osman Kalins und seines Sohns Mehmet steht das Baumhaus an der Mauer mit seinem anatolischen Garten also auch heute noch. Damit das auch so bleibt und das Betreten für die Kalins und ihre Enkelkinder keine Gefahr darstellt, wurde das Haus mit gefunden Teilen erweitert, der Balkon gesichert und der erste Stock befestigt. Für die Zukunft steht der kleinen hölzernen Residenz also nichts im Wege.

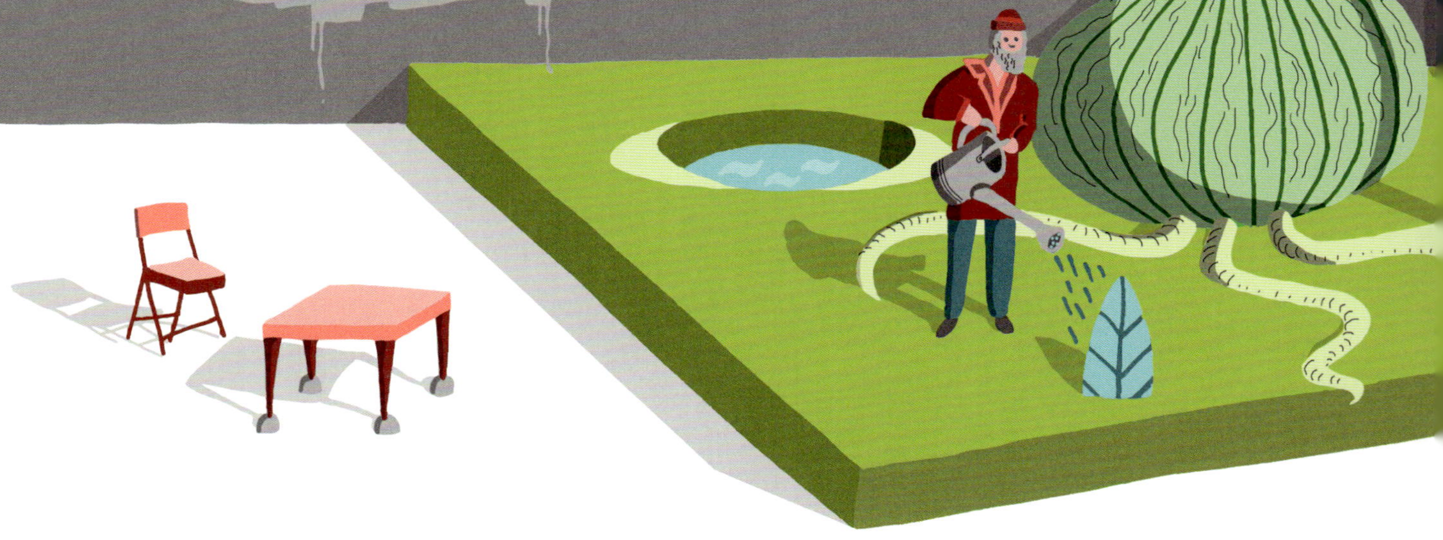

08

Das Baumhaus an der Mauer in Berlin

Auf einem schmalen dreieckigen Grundstück pflanzte Kalin sein Gemüse unmittelbar an der Berliner Mauer.

Wenn man so bei Borschtsch, Boéuf Stroganoff und Peperoni-Wodka neben dem hölzernen Blockhaus Nr. 1 sitzt, könnte man leicht vergessen, dass man nicht wirklich in Russland ist, sondern sich nur unweit des Potsdamer Stadtzentrums aufhält.

Haus Nr. 1 – mit russischem Restaurant und Teestube – befindet sich inmitten der 1827 erbauten Kolonie Alexandrowka. Insgesamt 14 ein- und zweistöckige Häuser mit Ornamenten und Schnitzereien verziert sowie die russisch-orthodoxe Alexander-Newski-Kirche gehören zur Anlage. In Blockhaus Nr. 2 befindet sich seit einigen Jahren das Museum Alexandrowka, das über die Geschichte der Kolonie berichtet. Auf zahlreichen Infotafeln sowie mit Bildern, von Modellen und Videos erfährt der Besucher alles über das russische Dörfchen. Die Geschichte Alexandrowkas hängt dabei eng mit der Freundschaft des preußischen Königs Friedrich Wilhelm III. und dem russischen Zaren Alexander I. zusammen.

1806 war Preußen von Frankreich geschlagen worden und blieb unter französischer Besatzung. Als Napoleon 1812 seinen Feldzug gegen Russland startete, drängte er Preußen zur Unterstützung seiner Armee. Im Krieg gegen Russland nahm Preußen russische Gefangene, von denen ein Teil nach Berlin geschickt wurde. Doch die Armee zerbrach im kalten russischen Winter und Napoleon wurde zum Rückzug gezwungen. Bei den nun folgenden Befreiungskriegen gegen die französische Fremdherrschaft verbündeten sich Preußen und Russland. Als das Heer nach Paris zog, wurde dann aus 21 der in Potsdam verbliebenen Gefangenen ein Soldatenchor gebildet, der mit nach Frankreich marschierte. Nach dem Sieg über Napoleon blieben die Chormitglieder als Geschenk des Zaren am königlichen Hof in Potsdam und wurden später die ersten Bewohner Alexandrowkas. Errichtet wurde die Kolonie nach dem frühen Tod Alexander I. im Jahre 1825 als Denkmal zur Erinnerung an die Verbundenheit König Friedrich Wilhelm III. mit dem russischen Zaren. Aus der ersten Begegnung der beiden im Jahr 1802 war eine lebenslange Freundschaft geworden.

Vorbild für Alexandrowka waren die Pläne für ein Kunstdorf in Glasowo bei St. Petersburg. Die Anlage wurde in Form eines Hippodroms mit einem Alleesystem angelegt, das in der Mitte ein Andreaskreuz bildete. Zu jedem der Blockhäuser gehörte auch ein Garten mit Obstbäumen und Ackerland, das zur Lebensmittelversorgung der Bewohner dienen sollte. Aber so täuschend echt die ganze Anlage auch wirkt, es handelt sich bei den Häusern nicht wirklich um Blockhäuser, sondern vielmehr um Fachwerkhäuser mit Blockbeplankung.

Die zur Anlage gehörende Kirche wurde nach dem Vorbild der Kiewer Desjatin-Kirche erbaut und sollte unter anderem dazu dienen, dass die Kinder der Bewohner in russisch-orthodoxer Religion unterrichtet werden konnten – und außerdem die Sprache ihrer Väter lernten. Die Realität sah allerdings anders aus, schon die zweite Generation sprach kaum noch russisch. Nach und nach fielen beinahe alle Häuser der Kolonie an den König zurück und wurden dann an Feldwebel vergeben. 100 Jahre nach der Errichtung Alexandrowkas waren nur noch vier Häuser von Nachkommen des Soldatenchors bewohnt. Russisches Leben hat es also nur in den ersten Jahren in der Kolonie gegeben und das auch nur in geringem Umfang.

In den darauffolgenden Jahren wurden die Häuser oftmals von den Eigentümern verändert und umgebaut. Als 2001 die letzten Mieter aus Blockhaus Nr. 2 auszogen, wurde das Gebäude in ein Museum umgewandelt. Nach umfangreichen Bauforschungen folgte eine möglichst genaue Restaurierung sowie die Rekonstruktion der Gartenbepflanzung.

Heute lockt das Gelände, das seit dem Jahr 1999 zum Weltkulturerbe der UNESCO zählt, mit seiner hübschen Parkanlage und bietet den Besuchern ein kleines bisschen Russland – mitten in Deutschland.

Die Blockhäuser Alexandrowkas wirken täuschend echt, sind aber eigentlich Fachwerkhäuser.

RUSSISCHE ILLUSION

Seit über 30 Jahren gibt es in Hannover nun eine Stadtbahn. Am 26. September 1975 wurde sie nach zehn Jahren Bauzeit feierlich eingeweiht. Die Tunnelstrecke der Linie A nahm den Betrieb auf, und die ersten vier unterirdischen Stationen wurden eröffnet. Eine von ihnen war die Station Hauptbahnhof. Wenn man dort heute am Bahnsteig steht und auf seine Bahn wartet, kann man nicht sehen, was sich ganz nah im Verborgenen ebenfalls unter der Erde befindet. Dort gibt es eine weitere, menschenleere Station, an der noch nie ein Zug gehalten hat. Eine Geisterstation.

Allgemein bekannt wurde der Begriff Geisterstation in Berlin, als nach dem Bau der Mauer die Westberliner Linien unter Ostgebiet hindurchfuhren, ohne an den dortigen Stationen anzuhalten. Die in schummriges Licht getauchten und gut bewachten Stationen erweckten bei den Fahrgästen leicht den Eindruck eines „Geisterbahnhofes“.

GEISTERSTATION

Eine weitere Ursache für ungenützte Haltestellen oder Tunnel können oftmals sogenannte Bauvorleistungen sein. Bei dieser gängigen Praxis des Tiefbaus werden Stützen, kurze Tunnel oder ganze Streckenabschnitte für geplante Bauvorhaben vorbereitend begonnen, für den Fall, dass später zusätzlicher Bedarf eines Bahnhofes oder einer neuen Linie entsteht. Die meisten dieser Bauvorleistungen für den Tunnelbau findet man ebenfalls in Berlin.

Weniger bekannt ist, dass es ebenso in einer Vielzahl anderer deutscher Städte Geisterbahnhöfe gibt – wie eben auch in Hannover. Für den Bau der Stadtbahn waren hier vier Linien geplant worden: die A-,B-,C- und D-Linie. Mehrere Jahre lang wurde dann in der ganzen Stadt gegraben, da die meisten Tunnel in offenen Baugruben konstruiert wurden. Besonders spektakulär gestaltete sich der Bau am Kröpcke, bei dem teilweise bis zu 25 m tief gegraben wurde, da hier eine zentrale Umsteigestation entstand.

Ein weiterer großer Knotenpunkt wurde der Hauptbahnhof, an dem sich Linie A, B und D treffen sollten. Anders als ursprünglich vorgesehen, wurden hier aber nur Linie A und B vollendet. Trotz lang andauernder Diskussionen fehlt der Tunnel der D-Linie auch heute noch; und so liegen am Steintor und am Hauptbahnhof ungenutzte, aber im Rohbau vollendete Stationen.

Durch eine unscheinbare Tür kann man die Geisterstation am Hauptbahnhof vom Raschplatz aus betreten, Holztreppen führen hinab. Eine dicke Staubschicht liegt in dem großen unterirdischen Raum, der in fahlem Licht erscheint. Hier herrscht gespenstische Stille – seit 1975. Kein Fahrgast ist hier je in einen Zug eingestiegen. Ob sich das irgendwann einmal ändern wird, ist trotz eines neu installierten Aufzugs eher fraglich.

Aber auch wenn man die Geister, die hier möglicherweise ihr Unwesen treiben, nicht sehen kann, so kann man in Hannover dennoch Töne aus dem Untergrund vernehmen. Aus einem Gullydeckel auf dem Ernst-August-Platz mit direktem Blick auf den Hauptbahnhof dringt Musik hinauf auf die Straße – und manchmal auch das Dröhnen einer U-Bahn.

Nur Geisterzüge halten an der fahl beleuchteten Tunnelstation.

10

Die verwaiste Bahnstation in Hannover

Das Märchenhaus

Von der Straße aus leicht nach hinten versetzt auf einer kleinen Anhöhe steht in Lemgo ein dunkles Fachwerkhäuschen – einem Märchen entsprungen. Die Fassade des zweistöckigen Gebäudes ist komplett mit geschnitzten Ornamenten bedeckt und überzieht das Haus wie Stuck nach einem streng geometrischen Schema. An das Haus angebaut ist ein moderner Museumskubus, durch den man ins Innere gelangt. Ungläubig erblickt der Besucher dort das einzigartige Innenleben – jede noch so kleine Fläche ist mit geschnitztem Holz bedeckt. Die Räume wirken dunkel und verwinkelt. An manchen Stellen hebt sich das Holz von den Wänden ab, greift in den Raum über und bildet ein gitterartiges Gewölbe. Selbst die Möbel passen sich dem Gebäude an und werden vom dunklen Gitterwerk umrankt. An vielen Stellen lassen sich figürliche Reliefs, Skulpturen und sogar Tafelbilder entdecken. Man kann erahnen, wie das Haus einst mit seiner farbigen Bemalung, die auf den Grundfarben Rot, Grün, Blau und Ocker basiert, ausgesehen haben mag. Sicherlich war dies aber kein Wohnhaus im klassischen Sinne, sondern ist vielmehr als Gesamtkunstwerk zu betrachten.

Karl Junker

Schöpfer dieses einzigartigen Baus war Karl Junker, der das komplette Haus um 1890 konzipiert, gebaut und ausgestattet hat. Junker wurde 1850 in Lemgo geboren, absolvierte von 1865 bis 1869 eine Tischlerlehre und schrieb sich 1875 an der Akademie der Bildenden Künste in München ein. 1889 reichte der Künstler das Baugesuch für das Haus „Am Hamelschen Wege" ein. Leider ist von Karl Junker kein schriftlicher Nachlass mit Informationen über sein Bauwerk überliefert.

Der Verfall

Den ersten Hinweis auf das Junkerhaus findet man 1895 in einem Reiseführer. Nach Junkers Tod im Jahre 1912 konnte man das Haus mithilfe der Nachbarn weiterhin besichtigen, für den baulichen Schutz des Gebäudes wurde allerdings wenig unternommen. Bis zum Beginn des Krieges war das Haus zugänglich, 1958 erwarb es die Stadt Lemgo, 1971 wurde der künstlerische Nachlass gesichert – aber erst 1999 begann man mit der Restaurierung.

Sonderlingsleben

Neben dem Junkerhaus sind auch zahlreiche Möbel, Modelle, Skizzen und Gemälde aus Junkers Nachlass erhalten, von denen man einige im neu angebauten Museum begutachten kann. Über Junkers künstlerischen Erfolg zu Lebzeiten ist wenig bekannt. Zwei Jahre nach seinem Tod fand sein Werk allerdings größere Anerkennung bei einer Ausstellung der „Neuen Secession", einer von Max Pechstein gegründeten Künstlervereinigung, bei der er als Einsiedler mit Sonderlingsleben bezeichnet wurde. Des Weiteren erschienen Rezensionen über sein Werk in mehreren Zeitschriften. Der Ruhm hielt allerdings nicht lange an. Immer wieder wurden Aufsätze publiziert, in denen das Junkerhaus als Werk eines Geisteskranken und Schizophrenen bezeichnet wurde, die Arbeit eines Junggesellen, der ein Haus für eine ganze Familie baute. So ranken sich viele Legenden um den Sonderling – beispielsweise wurde berichtet, er habe das Haus für sich und seine Braut gebaut. Diese wäre allerdings nach einem Auslandsaufenthalt nicht zurückgekehrt und Karl Junker habe sich völlig zurückgezogen und sein restliches Leben mit dem Schnitzen des Hauses verbracht.

Das Lebenswerk

Sicher ist allerdings, dass Junker sein Haus „Am Hamelschen Weg" ganz allein mit den zahlreichen Schnitzereien und gemalten Bildern ausstattete und zu Lebzeiten selbst gerne die Führungen für Besucher übernahm. Über 20 Jahre hinweg schnitzte der gelernte Tischler an seinem Werk, das eine ganz eigene künstlerische Sprache hat, jenseits der Mode, irgendwo zwischen Alptraum und Lebensfreude. Unbeirrbar entwarf er fabelhafte Wesen und ließ keine Fläche unberührt. Die Frage, welche Sehnsüchte den Künstler wohl angetrieben haben, bleibt allerdings ungeklärt.

Handelt es sich um die Schnitzereien eines Schizophrenen?

11

Das Junkerhaus in Lemgo

Aus einem anderen Holz geschnitzt

Die Komposition wurde mit dem Computer generiert und mit der Anmerkung "as slow as possible" versehen.

Musik, die dauert und dauert

In Halberstadt ticken die Uhren anders

In der knapp 43 000 Einwohner zählenden Stadt blickt man gerne zurück auf die eigene Vergangenheit, und wer als Besucher daran teilhaben mag, kann dem in zahlreichen Museen wie dem „Heineanum", dem Schraube-Museum, dem städtischen Museum oder dem Gleimhaus nachkommen. Damit die Stadt aber auch in Zukunft von sich reden macht – und zwar in den nächsten 600 Jahren – hat man sich in Halberstadt etwas ganz Besonderes ausgedacht: In der Burchardikirche wird das längste Musikstück der Welt aufgeführt, das Organ 2/ASLSP von John Cage. 639 Jahre soll es dauern.

Einen Ton hören

Um den Weg zur Kirche problemlos zu finden, haben die Halberstädter Wegweiser installiert, denen man als Besucher nun bis zur John-Cage-Orgelstiftung folgen kann. Man betritt die ehemalige Klosteranlage durch einen Torbogen und muss einen Innenhof überqueren, um zur Burchardikirche zu gelangen. Ein klarer Ton ist sofort beim Betreten des Gebäudes zu hören. Auf der einen Seite steht ein großer Blasebalg, der die Luft liefert für die kleine Orgel, die sich auf der gegenüberliegenden Seite unter einem Glaskasten befindet. Selbst für einen eingefleischten John-Cage-Fan ist dieses Projekt etwas Außergewöhnliches.

Musik und ihre Grenzen

John Cage wurde im Jahr 1912 in Los Angeles geboren, war Schüler von Henry Cowell und Arnold Schönberg, und stets bemüht, ein neues Bewusstsein für Klänge zu entwickeln sowie musikalische Grenzen zu sprengen. So führte er beispielsweise 1963 mit einem Team von mehreren Pianisten erstmals „Vexations" auf, ein Klavierstück von Erik Satie, das laut Anweisungen seines Komponisten 840-mal zu wiederholen sei. Die Aufführung dauerte beinahe 19 Stunden.

So langsam wie möglich

22 Jahre später, 1985, entstand ASLSP, zuerst in einer Fassung für Klavier, später in einer für Orgel. Die Komposition wurde mit der Anmerkung "as slow as possible"

12

Das längste Konzert der Welt in Halberstadt

versehen. Richtete sich bei der Klavierfassung die Dauer noch nach dem Nachhall der angeschlagenen Klaviersaiten, so gab es bei der Orgelfassung keine zeitliche Obergrenze mehr.

Es wird diskutiert

1997 wurde bei einem Orgelsymposium die Frage nach der Interpretation von "as slow as possible" aufgegriffen. Musikwissenschaftler, Organisten, Orgelbauer, Theologen und Philosophen diskutierten daraufhin, wie man denn nun dem Stück gerecht werden könne, da ja theoretisch gesehen keinerlei zeitliche Begrenzung für die Aufführung bestehe. Schließlich einigte man sich auf den Zeitraum von 639 Jahren. Das ist genau die Zeit, die zwischen dem Bau der berühmte Blockwerkorgel von Nicholaus Faber im Halberstädter Dom und dem Jahr 2000 liegt. Am 5. September 2001, passend zum Geburtstag von John Cage, startete ASLSP dann. Insgesamt wird die Aufführung bis ins Jahr 2640 dauern.

Töne gehen um die Welt

Von einem Tonwechsel bis zum nächsten vergehen mitunter mehrere Jahre. Der Klangwechsel findet dann immer am 5. Tag des betreffenden Monats statt. Das Medieninteresse ist groß, wenn ein Ton wechselt, und so ist Halberstadt durch ASLSP weit über den Harz hinaus zu großer Bekanntheit gelangt. Selbst „The Wall Street Journal" und „The New York Times" berichteten über die Burchardikirche, die über eine lange Zeit hinweg als Scheune, Lagerschuppen, Schnapsbrennerei und Schweinestall zweckentfremdet worden war.

Tafeln zeigen die Klangjahre

Wer das Projekt unterstützen will, kann sich ein Klangjahr kaufen. Dass dies auf reges Interesse stößt, erkennt der Besucher an einer schwarzen Schiene, die um den gesamten Raum herum verläuft, und an der zahlreiche Tafeln mit den Namen der Spender hängen. Die ersten 90 Jahre sind schon verkauft – danach nimmt die Anzahl der Schilder ab. Manch einer hat zusätzlich zu seinem Namen auch eine Widmung oder einen Spruch angebracht. So ist beispielsweise das Jahr 2313 dem 500. Geburtstag Richard Wagners gewidmet und für das Jahr 2288 ein Zitat von Schopenhauer zu lesen: „Das unaussprechlich Innige aller Musik, vermöge dessen sie als ein so ganz vertrautes und doch ewig fernes Paradies an uns vorüberzieht, so ganz verständlich und doch so unerklärlich ist, beruht darauf, dass sie alle Regungen unseres innersten Wesens wiedergibt, aber ganz ohne die Wirklichkeit und fern von ihrer Qual."

Termine

Wer an einem Klangwechsel teilnehmen will, der sollte sich folgende Daten im Kalender notieren:

5.10.2013, 5.9.2020, 5.2.2022, 5.2.2024 und 5.8.2026

Götter *im* Ruhrpott

In der Gemeinde Hamm-Uentrop befindet sich ein Industriegebiet mit Kohle- und Gasturbinenkraftwerk sowie mehreren großen Firmen. Doch ein Gebäude scheint so gar nicht zu den Fabrikhallen zu passen. Es ist ein rot-weiß gestreifter Bau mit zwei üppig verzierten Türmen – ein indischer Tempel.

Seit 2002 steht der Sri Kamadchi Ampal Tempel, der streng nach rituellen Vorgaben konzipiert ist, nun in Uentrop und ist somit der größte südindische Tempel Europas. Initiator des beeindruckenden Götterhauses ist Priester Sri Paskaran, ein Bürgerkriegsflüchtling aus Sri Lanka. Als Sri Paskaran vor etwa 30 Jahren nach Hamm kam, richtete er seinen ersten Andachtsraum im Keller eines Mietshauses ein. Hier verehrte er als zentrale Gottheit Sri Kamadchi Ampal, die Göttin mit den Augen der Liebe. Ende der 80er-Jahre kamen mehr und mehr tamilische Flüchtlinge nach Deutschland, und auch die kleine Gemeinde in Hamm wuchs. 1992 musste der Priester seine Räumlichkeiten vergrößern und zog mit seinem Gebetsraum in eine alte Wäscherei um. 1993 feierten die Gläubigen dann ihr erstes Tempelfest, führten ihre Göttin der Öffentlichkeit vor und segneten zugleich die Stadt und ihre Bewohner. In den folgenden Jahren wurde das alljährliche Fest immer bekannter, und die Besucherzahl wuchs stetig. Doch nicht allen gefielen die Feierlichkeiten, insbesondere die Anwohner beschwerten sich über die laute Trommelmusik. Der Tempel musste umziehen. Schnell war der passende Architekt für den Bau eines neuen großen Tempels gefunden, Sri Paskaran überließ die Wahl den Göttern: Im Telefonbuch wurde die Seite mit den Architekten aufgeschlagen und mit geschlossenen Augen per Fingerzeig die geeignete Person für den Bau gewählt. Die Baukosten wurden dabei durch Spenden und Darlehen der Gläubigen finanziert. Mithilfe von Kuh Lisa wurde der farbenfrohe Tempel 2002 schließlich eingeweiht.

Mittlerweile erfreut sich das Tempelfest in Hamm reger Beliebtheit. 20 000 – 30 000 Besucher strömen jedes Jahr im Sommer nach Uentrop, wenn die Göttin Sri Kamadchi bei diesem Fest ihre große Ausfahrt hält und den Tempel umrundet. Am Industriegebiet stört sich dabei keiner der Gläubigen. Schließlich gibt es hier keine meckernden Nachbarn, die Verkehrsanbindung ist durch die Autobahn günstig, es gibt reichlich Parkplätze und der angrenzende Dattel-Hamm-Kanal ist der perfekte Ort für rituelle Waschungen.

13

Der Sri Kamadchi Ampal Tempel in Hamm

Das spirituelle Zentrum Europas befindet sich für viele Hindus in Hamm-Uentrop.

Der Teufel wurde zornig, als der Hahn vor Schreck laut krähte.

14

Die Teufelsmauer bei Blankenburg

WENN DER HAHN ZU FRÜH KRÄHT

Wer einmal den römischen Kaiser Caesar oder den Franzosenkönig Ludwig XVIII. sehen will, der ist in Blankenburg im Harz bei der Teufelsmauer goldrichtig. Zumindest gibt es hier Felsformationen, die aufgrund einer frappierenden Ähnlichkeit zu den beiden Persönlichkeiten auf die Namen Caesar- und Ludwigsfelsen getauft wurden. Allerdings haben Wind und Wetter die Konturen der Felsen im Laufe der Jahre verändert, und so sollte man sich nicht wundern, wenn Caesars Nase heute keinen Haken mehr aufweisen kann.

Die Teufelsmauer erstreckt sich zwischen dem Ortsrand der Stadt Blankenburg über Weddersleben bis hin nach Ballenstedt. Etwa in der Mitte wird die Mauer durch eine kurze Unterbrechung, den sogenannten Sautrog, zerschnitten. Eine Zeit lang versteckt sie sich im Wald, ist aber immer wieder hoch genug, um einen guten Rundblick auf das Harzvorland zu bieten – insbesondere an ihrer, sich etwa 320 m über dem Meeresspiegel befindenden höchsten Stelle. Wer im Gebiet der Mauer wandern will, kann dazu dem Teufelsmauer-Stieg folgen, der sich auf einer Länge von etwa 30 km an den Felsen vorbeischlängelt. Und sollte es dabei passieren, dass die Wandergefährten während des Laufens auf einem Pfad verschwinden, so sind sie mit hoher Wahrscheinlichkeit in einer der vielen Halbhöhlen und Verstecke untergetaucht.

Entstanden ist die aus Sandstein bestehende Teufelsmauer zu einer Zeit, als die Dinosaurier noch die Erde bevölkerten. Die Mauer bildete sich dann einige Millionen Jahre später durch Gesteinsbewegungen heraus, bei denen die Steinschichten durch Hebung der Region aufgeschoben wurden und sich steil aufrichteten.

Zur Entstehung der Mauer gibt es außerdem eine Vielzahl an Sagen, unter anderem folgende: Vor langer Zeit stritten sich Gott und Teufel darum, wie die Erde zwischen ihnen aufzuteilen sei. Sie vereinbarten, dass der Teufel all das Land sein eigen nennen dürfe, um das er bis zum Morgengrauen eine Mauer errichtet habe. Alsdann begann der Teufel mit seinem Werk und ließ das Mauerwerk in der Dunkelheit anwachsen. Noch vor Anbruch des Tages machte sich allerdings eine Bäuerin aus Timmenrode auf den Weg zum Markt, um ihren Hahn zu verkaufen. In einem kurzen Moment stolperte die Frau über einen kleinen Kiesel. Vor Schreck reckte der Hahn in seinem Korb den Hals und fing laut an zu krähen. Da glaubte der Teufel, die Nacht sei vorbei und seine Arbeit vergeblich gewesen. Vor lauter Wut schmetterte er daraufhin einen Stein gegen sein Bauwerk, wonach dieses zusammenstürzte. Seit jener Nacht habe die Mauer nun die Form der Bruchstücke, die stehen geblieben waren.

In der Tat hat die Teufelsmauer mitunter äußerst bizarre Formen, was wohl auch der Grund für die kreativen Benennungen der Felsen ist. Neben Caesar- und Ludwigsfelsen finden sich auch Teufelsturm und Kuckucksburg, Großvater- und Großmutterfelsen oder Hohe Sonne und Hamburger Wappen.

15

Der Harzer Naturistenstieg bei Wippra

Bei schönem Wetter ist der Nacktwanderweg stets gut besucht.

„Willst du keine Nackten sehn, darfst du hier nicht weitergehn“ steht auf dem Wegweiser zum Nacktwanderweg, genauer gesagt zum „Harzer Naturistenstieg“. Es ist eine Warnung für den sorgsam bekleideten Wanderer, sich nicht zu erschrecken, wenn er nicht nur einen, sondern gleich eine ganze Horde von nackten Artgenossen vergnügt durch den Wald marschieren sieht.

Die Idee zum Wanderweg kommt von Heinz Ludwig, dem Betreiber eines Campingplatzes aus Dankerode. Eröffnet wurde der Weg Mitte 2010 und ist laut Ludwig der erste offizielle Nacktwanderweg Deutschlands. Der Rundwanderweg startet an der Wippertalsperre, bei der man auch parken kann, und ist bei schönem Wetter gut besucht.

Nackt Sport zu betreiben, ist aber keinesfalls eine neue Idee. Seit den 1960er-Jahren hat die Präsenz von Nacktheit in den Medien stark zugenommen, und der Deutsche Verband für Freikörperkultur „DFK“ bietet mittlerweile ganze Meisterschaften für Nacktsport an. Während sich das Nacktbaden an Strandabschnitten und Seen mittlerweile etabliert hat, ist das Nacktwandern wohl erst im Kommen.

Wer den Nacktwanderweg nun selbst erkunden und gleich loswandern will, der kann sich in Wippra natürlich auch eine passende Karte zum Naturistenstieg besorgen. Und noch eine Bemerkung für all diejenigen, die sich ob so viel nackter Tatsachen entrüsten: Ganz unbekleidet geht es auch beim Nacktwandern nicht zu – auf Schuhe, Strümpfe und Wanderrucksack wird in der Regel nicht verzichtet. Schließlich lässt man seine Kleidung ungern im Wald zurück, und Schließfächer gibt es keine beim Naturistenstieg.

Auf du und du mit der Natur

Heinz-Jürgen Preuß teilt sein Leben seit 1976 mit unzähligen Langhälsen.

Heinz-Jürgen Preuß sammelt seit 1976 Giraffen wie andere Briefmarken. 20 000 Exponate sind es mittlerweile, die sich dicht an dicht drängen, im eigens eröffneten Giraffenmuseum, und es ist kein Ende in Sicht.

Schon aus einiger Entfernung kann man das Museum gut erkennen, denn vor dem Haus von Herrn Preuß steht eine 5,8 m große Giraffe und schaut in Richtung Straße. Umso näher man kommt, desto mehr Langhälse entdeckt man. Wenn man vorher einen Termin vereinbart hat, wird man sogleich freundlich hereingebeten vom ehemaligen Maurer-Meister, der als Mitglied im Klub der Langen Menschen selbst recht gut zur Sammlung passt.

Angefangen hat alles mit einer 15 cm großen Plastikgiraffe, die auf Herrn Preuß einst in einem Hotel-Pool zugeschwommen kam. Nach und nach wurden es dann immer mehr – und mehr – und mehr. 1992 bekam das Giraffenmuseum sogar den Eintrag ins „Guinness-Buch der Rekorde“. Heute findet man im privaten Museum in Dortmund-Wickede die wohl größte Giraffenherde der Welt. Die liebevoll zusammengestellte Sammlung umfasst all diejenigen Gegenstände, auf denen Giraffen oder deren Muster zu finden sind, wie: Bilder, Fahnen, Krawatten, Ringe, Uhren, Kuscheltiere, Mäntel, Handtaschen, Spielsachen, Telefonkarten, Stickereien, Teppiche, Klobürsten, Gemälde, Aufkleber, Schuhe, Unterwäsche, Zahnbürsten, Handys, Socken, Dessous und Straußeneier sowie Giraffen aus Plüsch, Plastik, Stein, Holz, Bronze, Ton, Keramik, Stoff und Porzellan. Ergänzt wird das Museum durch allerhand Ausgefallenes wie einem Giraffenkondom, Giraffenbier aus Dänemark oder einem Kleid von Victoria Beckham – und noch vieles mehr ... Die tierische Sammlung löst beim Betrachter großes Erstaunen aus, gleichermaßen aber auch Schmunzeln, zumal der Sammler zu jedem Ausstellungsstück eine amüsante Geschichte parat hat.

Obwohl man außer einigen Giraffenschwanzhaaren keine Exponate von lebenden Giraffen finden wird, kennt sich Herr Preuß auch mit den lebendigen Artgenossen bestens aus. Der rüstige Rentner besuchte Giraffen in Kenia, und als an Heiligabend 1993 im Dortmunder Tierpark ein Giraffenbaby auf die Welt kam, durfte er es auf den Namen „Farah“ taufen. Wer also etwas über Giraffen wissen will, der tut gut daran, sich bei Herrn Preuß zu erkundigen. Er kennt die Antworten auf die Frage nach dem Gewicht der Giraffe, ihrem Skelett oder Herzschlag, die Länge der Zunge oder danach, wie Giraffen eigentlich schlafen.

Das Giraffenmuseum selbst befindet sich direkt am und auch im Wohnhaus. Im Anbau sowie im Keller, aber auch im Garten, im Gewächshaus und im einstigen Geräteschuppen reihen sich die Tiere dicht an dicht. Gerade hat das Giraffenmuseum sein 20-jähriges Jubiläum gefeiert, und Herr Preuß sucht ständig weiter nach neuen Giraffen für seine Sammlung – und manchmal auch nach alten, wenn seine Enkelkinder die Exponate mal wieder im Garten verstreut haben.

Wer also mal in Dortmund in der Adventszeit einem großen Nikolaus mit Giraffen begegnet, sollte sich nicht wundern – zu Weihnachten in diese Rolle zu schlüpfen, ist eine weitere Leidenschaft des langen Heinz.

Ein grosses Hobby

16

Das Giraffenmuseum
in Dortmund

IN MISSLICHER LAGE

Die Bad Frankenhauser lieben ihren Kirchturm. 1382 wurde er gebaut, misst 56 m und trägt seit 1762 eine barocke Turmhaube. Doch der Turm neigt sich bedrohlich. Ein Schild weist auf die Einsturzgefahr hin, und das direkt an die Kirche angrenzende Gelände ist abgesperrt. Mit aller Kraft versuchten die Bürger ihren „Oberkirchturm" zu retten, gründeten einen Förderverein, sammelten Spenden, organisierten Benefizkonzerte und Spendenläufe. Doch trotz aller Bemühungen fehlten die dringend benötigten Finanzmittel zur Stabilisierung des Turms. 2011 schienen die Tage des Bauwerks dann gezählt zu sein, und der Turm stand kurz vor dem kompletten Rückbau.

Von alledem ahnte man im Jahre 1382 bei der Fertigstellung der Basilika im gotischen Stile noch nichts. Das Gebäude, auch Kirche „Unserer Lieben Frauen am Berge" genannt, wurde auf den Fundamenten einer verfallenen Anlage errichtet, spitzbogige gotische Fenster und Türen schmückten den Bau, und am ursprünglich spitz zulaufenden Dach des Turmes befanden sich vier kleine Seitentürme. Immer wieder wurde die Kirche beschädigt und war zeitweise auch geschlossen. 1759 wurde bei einem Stadtbrand die Spitze des Kirchturmes zerstört, aber bereits 1760 mit dem Neubau im barocken Stil begonnen. Schon damals stand der Turm schief, und man versuchte bautechnisch entgegenzuwirken. Durch einen Erdrutsch östlich der Kirche nahm die Schrägstellung des Turmes 1908 allerdings enorm zu, und bereits 1925 wurde der Abriss in Erwägung gezogen. Der Überhang des Turmes betrug zu diesem Zeitpunkt schon über zwei Meter. Schuld an der Neigung des Turmes ist der Untergrund, auf dem er einst errichtet wurde. Bad Frankenhausen befindet sich am Rande des Kyffhäusergebirges, einer geologisch instabilen Gips-Karst-Zone. Und dann gibt es auch noch die Elisabethen-Quelle, die in 25 m Tiefe unter dem Turm durchfließt und das Wasser für das Sole-Heilbad der Stadt liefert. Der daraus resultierende momentane Überhang des Turmes beträgt beinahe 4,6 Meter. Um den Turm langfristig retten zu können, sind zahlreiche kostspielige Stabilisierungsmaßnahmen vonnöten.

Im Dezember 2011, viele rechneten schon mit dem Abriss des Turmes durch die Landeskirche, ging es dann einen wichtigen Schritt voran. Der Stadtrat entschied sich für die Erhaltung des Bauwerks und übernahm das gesamte Gelände für einen symbolischen Betrag von 1 Euro in kommunales Eigentum. Erste Rettungsmaßnahmen wurden bereits durchgeführt. Damit man aber auch in Zukunft das Läuten der Oberkirche hören kann, werden weitere 1,1 Millionen Euro benötigt, die mit Bundes- und Stiftungsmitteln sowie Spendengeldern aufgebracht werden sollen.

Bad Frankenhausen kämpft also weiterhin für den Erhalt seines Turmes, denn „Was ist schon der schiefe Turm von Pisa? Wir haben den Oberkirchturm … und der ist schiefer!"

17

Der schiefe Turm in Bad Frankenhausen

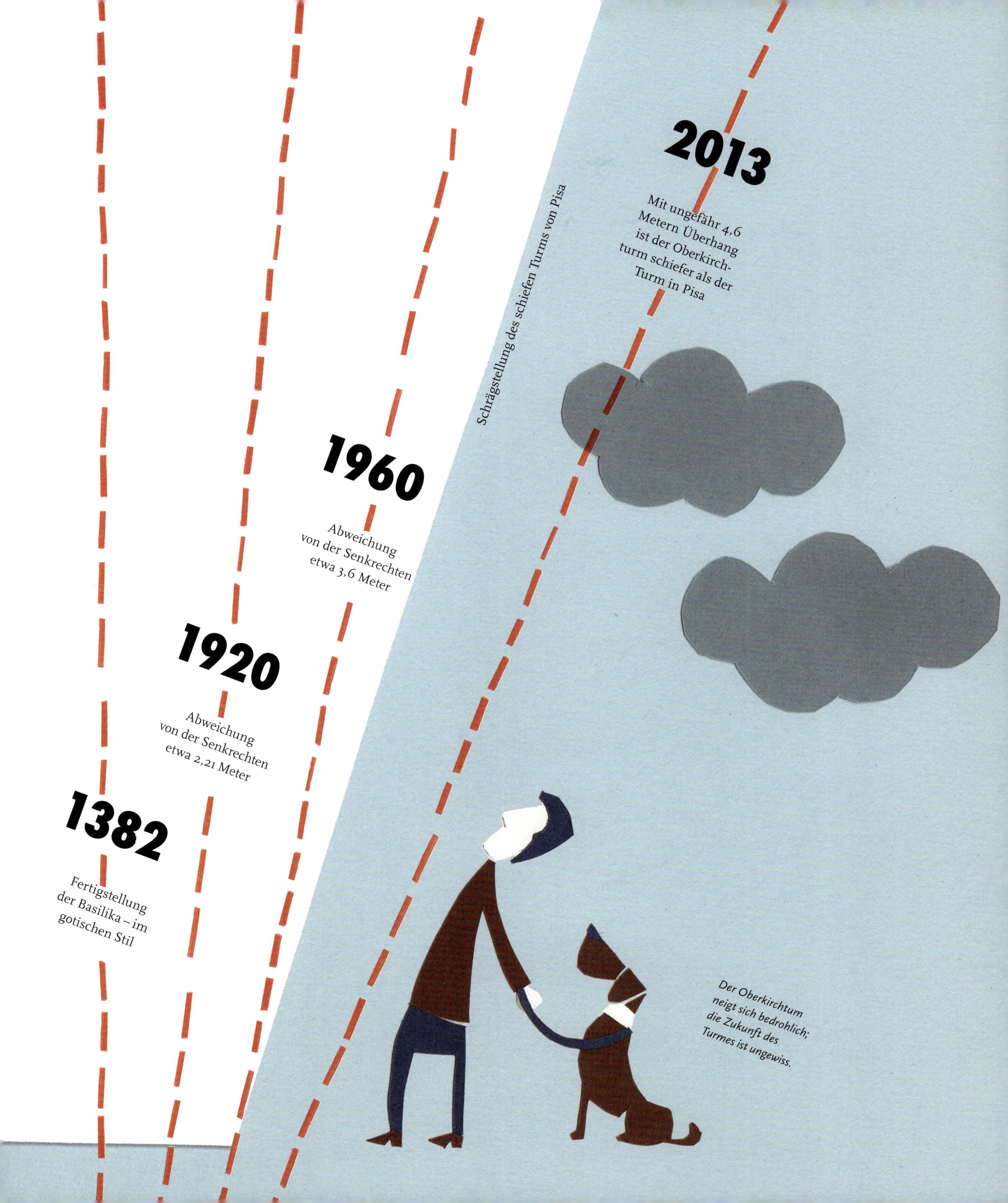
2013
Mit ungefähr 4,6 Metern Überhang ist der Oberkirchturm schiefer als der Turm in Pisa
Schrägstellung des schiefen Turms von Pisa
1960
Abweichung von der Senkrechten etwa 3,6 Meter
1920
Abweichung von der Senkrechten etwa 2,21 Meter
1382
Fertigstellung der Basilika – im gotischen Stil
Der Oberkirchturm neigt sich bedrohlich; die Zukunft des Turmes ist ungewiss.

18

Die Stinksteinwand bei Frankershausen

Durch den hohen Schwefelanteil der Braunkohle sowie Schwefelkieseinlagerung plus Phosphor neigt die Kohle des Meißners zur Selbstentzündung.

STINKE STEINE

Der Bergbau hat eine lange Tradition im Meißner-Vorland. Urkunden zeugen davon, dass hier bereits vor 500 Jahren die Menschen vom Kohleabbau gelebt haben. Zwischen 1578 und 1974 wurden über neun Millionen Tonnen Kohle abgebaut, und fast ebenso lange wird von einer Stinksteinwand berichtet, die sich oberhalb des ehemaligen Bergbaudörfchens Schwalbenthal befindet.

Wer eine feine Nase hat, kann den glimmenden Berg schon von großer Entfernung riechen. Geht man vom Parkplatz Schwalbenthal die Treppe hinauf und folgt dann dem Rundweg 1j nach rechts, wird der Geruch nach Grill und faulen Eiern immer stärker. Läuft man den Weg weiter und wählt an der Abzweigung die Richtung „Kalbe steil“, wird ein höher gelegenes Plateau erreicht. Alternativ kann die Wanderung auch am Frau-Holle-Teich begonnen werden. Vom Aussichtspunkt aus hat man dann einen guten Blick hinab auf die gegenüberliegende Stinksteinwand.

An einer langen geraden Kante ist die Basaltwand abgebröckelt, viele Bäume in unmittelbarer Nähe sind abgestorben, und zwischen den Steinen steigt Rauch auf. Besonders bei Windböen ist der Qualm deutlich zu erkennen. Durch den hohen Schwefelanteil der Braunkohle sowie Schwefelkieseinlagerung plus Phosphor neigt die Kohle des Meißners zur Selbstentzündung. Im Laufe der Jahre wurde daraus, begünstigt durch die Stollen des Tiefbaus und die daraus resultierende Luftzirkulation, eine unterirdische Brandstelle. An der Stinksteinwand treten nun, deutlich sichtbar, Rauch und Schwelgas aus dem Untergrund aus.

Wer die Stinksteinwand einmal aus der Nähe beschnüffeln mag, kann an einer geführten Wanderung teilnehmen. Das Betreten des Gebietes um die Wand herum ist wegen Verletzungsgefahr ohne Führung nicht erlaubt, da durch das Verbrennen der Kohle unterirdische Löcher entstehen und der Hang nach und nach abbröckelt. Des Weiteren sucht sich auch das Wasser des Kalbesees, eines Tagebaurestlochs, durch die Höhlungen im Stein neue unkontrollierte Wege. Das Erdreich saugt sich mit Wasser voll und der Hang gleitet ab. Aufgrund dieser Erdrutsche ist somit auch vom ehemaligen Bergbaudörfchen am Hang nur noch das Gasthaus Schwalbenthal, ehemals Bergamt, stehen geblieben.

Im Jahre 2000 brannte es so sehr an der Stinksteinwand, dass man direkt in die Glut blicken konnte und der Brand von der Feuerwehr gelöscht werden musste. Nichtsdestotrotz glüht es weiter, und durch die rund 20 Millionen Tonnen Kohle unter der Erde ist kein Ende des Brandes in Sicht.

SAURIERGARTEN VS. SAURIERPARK

Über 200 lebensgroße Urzeitechsen bevölkern den Saurierpark in Kleinwelka, darunter der berühmte Tyrannosaurus Rex und der 15 Meter hohe Brachiosaurus. Im Jahr 2011 feierte der Freizeitpark seinen 30. Geburtstag. In den letzten Jahren sind viele Attraktionen hinzugekommen, die stets zahlreiche Besucher anlocken. Und dabei hatte der Park einmal ganz klein angefangen.

SAURIER BESIEDELN DEN GARTEN VON FRANZ GRUSS

Die Geschichte der Saurierfiguren beginnt im Jahre 1978 im angrenzenden Großwelka: Der gelernte Dekorationsmaler Franz Gruß fertigt in seiner Freizeit eine große Dinosaurierplastik an. Er platziert die Figur gut sichtbar am Eingang seines Grundstückes. Zunächst zeigen sich Anwohner und Passanten verwundert über die ungewöhnliche Gartengestaltung. Als aber in den folgenden Jahren immer mehr Saurier den Garten von Franz Gruß besiedeln, nimmt das Interesse an seinem Sauriergarten zu, und viele Besucher besichtigen das Grundstück. 1980 stehen schon 25 Tiernachbildungen auf dem Gelände.

BAUMATERIAL IST SCHWER ZU BEKOMMEN

Zu Zeiten der DDR ist das Erstellen der Saurier aber keinesfalls eine Leichtigkeit. An Baustoffe wie Zement kommt Franz Gruß nur schwer, und so beginnt er unter anderem damit, Reste aus kaputten Zementverpackungen einzusammeln. Auch Bücher mit Dinosaurierabbildungen sind nur schwer zu finden, und der Dekorationsmaler muss sich diese seitenweise per Post zuschicken lassen.

IN KLEINWELKA ENTSTEHEN WEITERE DINOSAURIER

Doch die Mühe lohnt sich: Anfang der 1980er ist Franz Gruß eine regionale Berühmtheit, der Sauriergarten wird zum Besuchermagneten. Viele Menschen drängen sich Tag für Tag über das kleine Grundstück. Reich wird der Bastler aber nicht

Nach der Wende kommt es zu finanziellen Streitigkeiten zwischen der Gemeinde Kleinwelka und der Familie Gruß.

mit seinen Figuren, da er in der DDR keinen Eintritt für sein Privatgrundstück verlangen darf. 1981 erhält Gruß den offiziellen Auftrag der Gemeinde, auf dem angrenzenden gemeindeeigenen Grundstück ebenfalls Saurier zu errichten. Er beginnt daraufhin mit seiner Arbeit für Kleinwelka und baut trotzdem in jeder freien Minute weiterhin an seinem eigenen Sauriergarten. Nach der Wende kommt es dann zu finanziellen Auseinandersetzungen zwischen der Gemeinde und der Familie Gruß. Infolgedessen kündigt Franz Gruß 1991 sein Arbeitsverhältnis mit Kleinwelka und widmet sich wieder intensiv seinem eigenen Park.

EIN KLEINER URMENSCH ZEIGT BESUCHERN DEN WEG

Mittlerweile ist Ruhe zwischen beiden Parteien eingekehrt, und man kann als Besucher des Saurierparks auch den Sauriergarten besichtigen. Am hintersten Ende des Parks weist ein kleiner Urmensch den Weg. Folgt man seinem Fingerzeig, gelangt man unter zwei großen kämpfenden Dinosauriern hindurch direkt in den Garten. Neben allerhand Sauriern sind hier, versteckt im Gebüsch, einige Urmenschen damit beschäftigt, den Fortbestand ihrer Art zu sichern. Einige Meter weiter steht eine Gruppe auf einem Felsvorsprung, die dabei ist, einen großen Stein hinabstürzen zu lassen, um ein Mammut zu erlegen.

FRANZ GRUSS BAUT WEITERE 400 PLASTIKEN IN SEBNITZ

Doch das Erschaffen der Dinosaurier ist Franz Gruß noch nicht genug. In der Absicht, der Nachwelt möglichst viel zu hinterlassen, beginnt er mit dem Bau von weiteren 400 Plastiken. Diese zeigen die Entwicklung der Lebewesen vom Wasser aufs Land sowie bis zu 1000-fach vergrößerte Mikroorganismen und Bakterien. Seit 1996 kann man diese Figuren im Urzeitpark in Sebnitz betrachten und die von Franz Gruß geschaffene einzigartige Tier- und Pflanzenwelt hautnah erleben.

Die dunkle Masse

Oben hui und unten …

der Kronleuchtersaal ist Teil des genutzten Abwassersystems.

Eine kleine Gruppe Neugieriger drängt sich die Treppe in die Kanalisation hinab. Nur langsam geht es vorwärts, ist man doch darauf bedacht, das Geländer lieber nicht zu berühren – der Bakterien wegen. Bei jedem Schritt wird der Geruch nun strenger, die Besucher rümpfen ihre Nasen. Nach wenigen Stufen ist man dann im Kölner Untergrund angelangt und steht dennoch auf trockenem Boden. Der Raum über den Köpfen der Besucher ist etwa fünf Meter hoch, links kommt ein Abwasser führender Kanal aus der Wand und verschwindet rechter Hand wieder. Daneben befindet sich ein zweiter, trockenliegender Kanal, der bei viel Regen überlaufendes Kanalwasser aufnehmen kann und dieses dem Rhein zuführt. Geräuschlos zieht die Abwasserbrühe vorüber. Hier möchte keiner trotz angebrachter Rettungsringe ins Wasser fallen. Über den Köpfen der Anwesenden glitzert ein Kronleuchter und zaubert eine unwirkliche Stimmung in den Raum.

Über 100 Jahre alt ist der Kronleuchtersaal inzwischen. Er entstand, als sich Köln Ende des 19. Jahrhunderts vergrößerte, die alte Stadtmauer abgerissen wurde und ein modernes Kanalisationssystem errichtet wurde. Das Abwassersystem von Stadtbaumeister Josef Stübben galt damals als vorbildlich. Für den Besuch Kaiser Wilhelms II. von Preußen 1890, dem die Kölner Kanalbaukunst gezeigt werden sollte, schmückte man den Raum mit einem Kronleuchter.

Heutzutage findet hier nun, neben den regelmäßigen Führungen, einige Male im Jahr ein ganz besonderes Ereignis statt: Es wird ein Konzert gegeben. Man nutzt dann die gute Akustik des Kronleuchtersaals und füllt ihn mit Musik. Und damit empfindliche Nasen den Saal nicht frühzeitig verlassen müssen, stehen kleine Pfefferminzsträußchen zum Schnuppern bereit.

20

Der Kronleuchtersaal in Köln

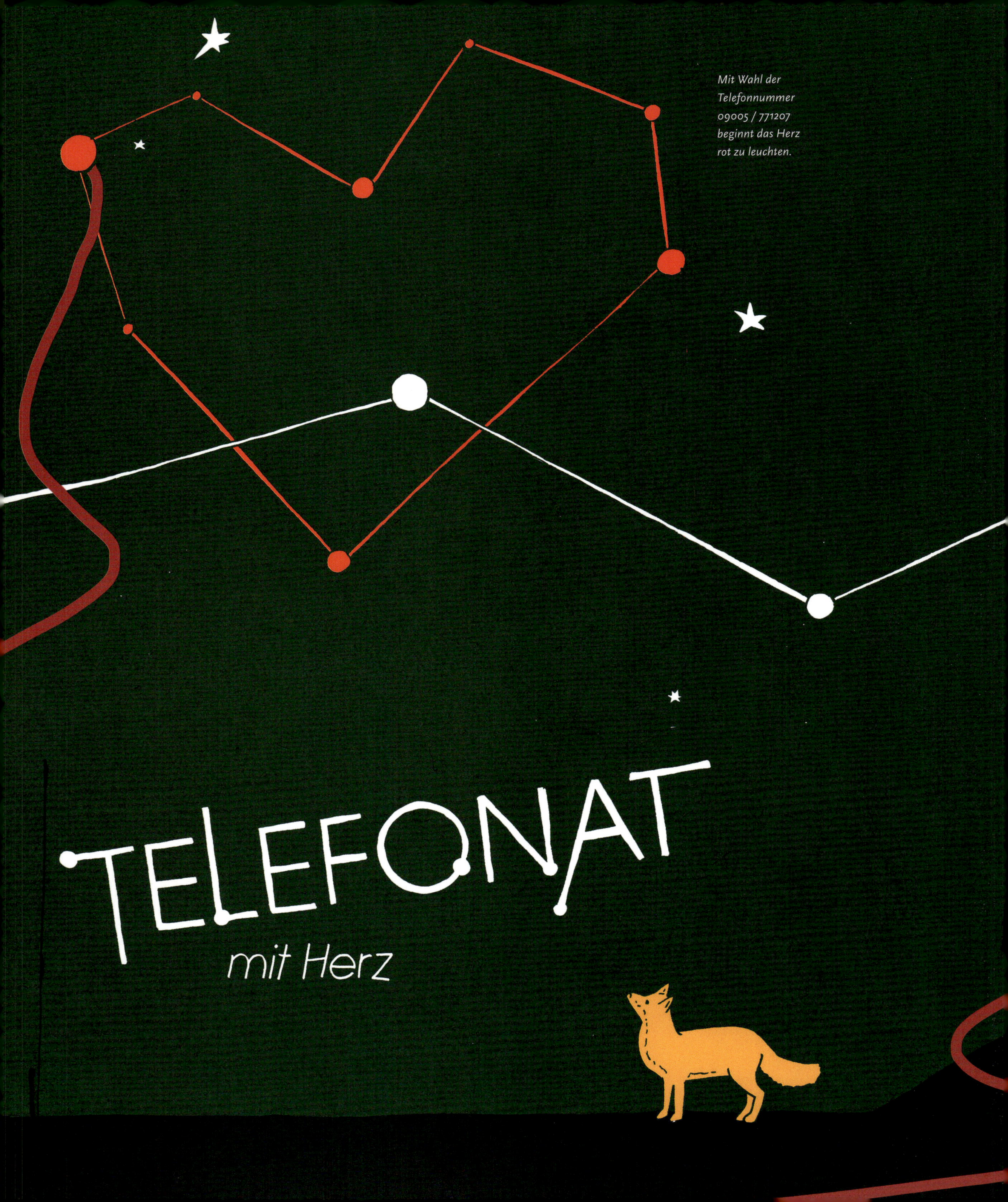
Mit Wahl der Telefonnummer 09005 / 771207 beginnt das Herz rot zu leuchten.
TELEFONAT
mit Herz

Wenn man nach Anbruch der Dunkelheit in Marburg durch die Oberstadt schlendert und von dort aus einen Blick in Richtung Osten wirft, kann man auf dem gegenüberliegenden Hang eine große, lila leuchtende Efeuranke erblicken. Was man bei Nacht nicht gleich erkennt: Das überdimensionale Neonkunstwerk gehört zum 36 m hohen Kaiser-Wilhelm-Turm.

Die Geschichte des Turmes beginnt am Anfang des 19. Jahrhunderts, als man am Hang mit direkter Blickachse zum Marburger Schloss einen Ausblick in den Wald schlagen ließ. 1828 beschloss Werner Freiherr von Spiegel zum Desenberg, das Gebiet schön herrichten zu lassen und einen Pavillon aufzustellen. Schnell wurde der Platz bei den Marburgern beliebt und es kam die Idee auf, einen Turm auf dem Gelände zu bauen, der als Aussichtspunkt, als Denkmal für die Siege über Frankreich und als Gefallenenmahnmal fungieren sollte. In der Nacht vom 12. auf den 13. März 1876, der Turm hatte schon eine Höhe von beinahe 29 Metern erreicht, zog allerdings ein heftiger Sturm auf, das Bauwerk stürzte in sich zusammen. Über 10 Jahre dauerte es, bis der Architekt Manfred Wentzel den zweiten Anlauf zum Turmbau startete und diesen dann auch erfolgreich beendete. Im September 1890 wurde der Kaiser-Wilhelm-Turm dann eröffnet – im Volksmund bürgerte sich allerdings der Name „Spiegelslustturm“ ein.

Auch heute noch ist der Sandsteinturm bei den Marburgern sehr beliebt. Anlässlich des Elisabethjahres 2007 wurde beschlossen, dass das Gebäude genau der richtige Ort sei für eine Installation. Die Künstlerin Helmi Ohlhagen übertrug dazu ein gotisches Ornament aus dem Westportal der Elisabethkirche in ein riesiges Neonkunstwerk, das als Symbol des Lebens eine Efeuranke zeigt, die aus einem Herz nach oben wächst. Ständig beleuchtet ist aber nur die Efeuranke – wer das ganze Ornament zum Leuchten bringen will, der kann das Kunstwerk durch einen Telefonanruf erhellen. Mit Wahl der Telefonnummer 09005 / 771207, passend zum Geburtstag der heiligen Elisabeth, dem 7. Juli 1207, beginnt das Herz rot aufzuleuchten und strahlt vom Spiegelslustturm so lange hinüber nach Marburg, wie der Anrufer in der Leitung bleibt. Ganz im Geiste der heiligen Elisabeth, die sich stark für Hilfsbedürftige eingesetzt hatte, kann man so ein Herz verschenken.

Allen Kritikern zum Trotz, die behaupteten, das leuchtende Neonherz wäre purer Kitsch oder würde eher an das Rotlichtmilieu erinnern als an die heilige Elisabeth, kam die Installation des Kunstobjektes bei der Bevölkerung dann doch so gut an, dass das Ornament über den 31. Dezember 2007 hinaus weiter am Kaiser-Wilhelm-Turm verbleiben durfte. Inzwischen verschenkt auch der Magistrat gelegentlich ein Herz, beispielsweise zu Goldenen Hochzeiten.

Noch ein Ratschlag für alle Studenten: Einer Legende zufolge wird derjenige, der den Spiegelslustturm vor Bestehen des Vordiploms oder sonstiger Zwischenprüfungen erklimmt, diese Prüfung niemals bestehen. Mag man diesem Aberglauben Gehör schenken, so ist man auf jeden Fall besser damit beraten den Turm zum Leuchten zu bringen, als ihn zu besteigen.

21

Der Spiegelslustturm bei Marburg

*Eines Tages wurden
Herke und ihr Geliebter
erspäht und gejagt.*

Bedrängte Liebe

22

Der Druidenstein bei Herkersdorf

Wehklagen bei Vollmond

Ein schmaler Weg schlängelt sich von Herkersdorf-Offhausen den Berg hinauf. Zwischen den Bäumen kommt ein großer Kegel aus balkenartig aufgeschichteten Steinen zum Vorschein – der Druidenstein. Bei Vollmond soll im Tal ein Jammern und Wehklagen von der Höhe des Steines zu hören sein. Jedem, der bei Vollmond lieber mit der Decke über dem Kopf im Bett bleibt, sei versichert: Auch bei Tageslicht lohnt sich der Besuch des Steines.

Genau betrachtet handelt es sich bei der kegelförmigen Steinformation um einen isolierten Basaltkegel, der in 450 m Meereshöhe liegt und eine Höhe von etwa 20 Metern aufweisen kann. Seit 2006 trägt der Stein die Auszeichnung „Nationales Geotop". Der harte Felsen ist leicht bläulich und dabei so zerklüftet, dass es den Anschein hat, man könne die Steine einfach abbrechen. Entstanden ist der Kegel vor etwa 25 Millionen Jahren, als aus dem Inneren der Erde glutflüssige Lava durch die Grauwacke des Grundgebirges hindurch an die Oberfläche drückte und anschließend erstarrte. Durch Erosion blieb letztendlich nur noch ein harter Kern aus Basalt erhalten.

Geköpfter Berg

Daneben gab es noch weitere Ereignisse, die den Basaltkegel verkleinerten. Von der ursprünglichen Größe ist heute nur noch etwa ein Drittel erhalten. Unter anderem wurde der Druidenstein während des 30-jährigen Krieges von den feindlichen Lagern als Orientierungspunkt verwendet, und man beschloss daraufhin, dass es das Beste sei, diesen hohen Felsen abzutragen. Die herumliegenden Steine zeugen davon, dass die Spitze abgebrochen wurde. 1979 wurde der Rest des einstigen Druidensteins dann vom Blitz getroffen, und infolge des gewaltigen Einschlages musste er danach mit Stahlbetonbalken gestützt werden.

Die verzweifelte Herke

Um den dunklen Stein ranken sich zahlreiche Sagen und Legenden. Man erzählt sich, dass in vorchristlicher Zeit der Basaltkegel den keltischen Druiden als Kult- und Opferstätte gedient habe – daher auch der Name des Steins. Für das Vollziehen der Opferhandlungen wurden laut Sage makellose Jungfrauen als Druidinnen auserwählt. „Herke" allerdings, die Tochter eines keltischen Stammesfürsten, welche für die heiligen Handlungen ausersehen wurde, verliebte sich unsterblich in einen edlen Jüngling ihres Stammes und wollte ihrer Liebe nicht entsagen. Wie das Schicksal so spielt, wurden Herke und ihr Geliebter eines Tages erspäht und gejagt. Die Häscher erstachen den Jüngling und die verzweifelte Herke wurde geopfert. Seit diesem Tage soll man bei Vollmond in Herkersdorf, das nach Herke benannt sein soll, und den anderen Orten im Tal, das Wehklagen der Geopferten vernehmen können. Andererseits glauben manche unglücklich Verliebte gerade in jenen Nächten Herkes Stimme zu vernehmen, die als Beschützerin bedrängter Liebe Trost spende.

EIN SPRITZIGER REKORD

Der höchst
Kaltwasserg
der Welt ist
in Deutschl

23

Der Kaltwassergeysir bei Andernach

Derjenige, der glaubte, Geysire gebe es nur auf Island und in den USA, mag nun überrascht sein: Der höchste Kaltwassergeysir der Welt befindet sich in Deutschland auf einer Halbinsel bei Andernach, im Naturschutzgebiet Namedyer Werth. In einem Abstand von etwa zwei Stunden schießt die Wassersäule zischend bis zu 60 m in die Höhe.

Dass dieser Weltrekord eher unbekannt ist, dürfte möglicherweise daran liegen, dass der Geysir erst seit 2006 wieder zu bestaunen ist. Dabei begann die Geschichte der Fontäne bereits im Jahre 1903, als man für die Förderung von Kohlensäure einen Brunnen bohrte und dabei die Wasserfontäne auslöste. Fünfzig Jahre danach versiegte der Geysir, da der Brunnen beschädigt war. Einige Jahre später wollte man die Fontäne zwar wieder reaktivieren, wegen des Baus einer Schnellstraße konnte der Plan allerdings nicht in die Tat umgesetzt werden. Erst 2001 wurde eine neue Bohrung durchgeführt.

Der Geysir funktioniert im Prinzip wie eine überschäumende Flasche Sprudel. Schüttelt man diese im geschlossenen Zustand, entsteht Überdruck. Beim Öffnen des Behältnisses reduziert sich der Druck schlagartig und das im Wasser gelöste CO_2 bildet aufsteigende Bläschen, die das Wasser mitreißen. Ähnlich wie solch eine Flasche hat auch das Wasser des Geysirs, aufgrund des Vulkanismus im Gebiet der Eifel, einen hohen Anteil an CO_2.

Im Erlebniszentrum Geysir Andernach wird dieses Prinzip gut verständlich und spannend präsentiert. Von dort aus starten auch die Schiffe, die den Besucher zum Geysir und zurück bringen. Insgesamt sollte man für den Besuch von Erlebniszentrum und Geysir etwa 3 Stunden einplanen, und als Andenken für die Daheimgebliebenen kann man dort auch eine Flasche „Geysir-Wasser" kaufen. Doch Vorsicht: Es handelt sich hierbei nicht um Sprudel, sondern um einen 38 %igen Obstbrand.

Man findet sie beinahe an jeder Stadt auf der ganzen Welt und normalerweise führen sie eher ein einsames Dasein: die Ortsschilder. Ganz anders aber sieht es in Hof aus. Hier haben sich unzählige dieser Schilder mit ihren Städtenamen versammelt und zu einem farbenfrohen Wald zusammengefunden. Gerade einmal drei Meter trennen nun Los Angeles von St. Gallen sowie München und New Orleans.

Initiator des Schilderwaldes ist der begeisterte Filmemacher Klaus Beer, der bei einer Reise nach Kanada in Watson Lake den „Sign Post Forest" entdeckte, eine Kollektion von mehr als 60 000 Schildern aus der ganzen Welt, und von der Idee so begeistert war, dass er diese nach Deutschland holte. 1999 wurde der deutsche Schilderwald dann eröffnet und bekam den Namen „Fernwehpark". Auf einem spiralförmigen Weg kann der Besucher nun mitten zwischen den an Pfählen befestigten Schildern hindurchlaufen. Neben allerhand gedruckten und gemalten Ortsschildern aus Metall und Holz, gibt es hier auch Wegweiser, Hinweisschilder, Autokennzeichen und eine Abteilung mit kuriosen Ortsnamen. In den Fernwehpark ist zudem der „Signs of Fame" integriert, der Schildergrüße von Prominenten wie Thomas Gottschalk, Philipp Lahm, den Flippers, Angela Merkel oder dem Dalai Lama zeigt. Mehr als 300 dieser prominenten Botschaften kann der Besucher hier entdecken.

Besonders wichtig ist Klaus Beer bei seinem Langzeitprojekt die Schaffung eines multikulturellen Ortes, der ein Zeichen zur weltweiten Völkerverständigung setzen soll. Die Schilder aus der ganzen Welt sollen einladen zu einer optischen und gedanklichen sowie emotionalen Weltreise. Passend dazu gibt es im Fernwehpark neben all den Schildern auch eine deutsche Variante des „Walk of Fame", bei der Prominente mit einem Stern geehrt werden, die sich besonders auf soziale Weise engagiert haben. Und wer bei seinem Besuch in Hof einen Teil zum Projekt beitragen mag, der findet auf der Homepage des Fernwehparks Tipps, wie man am besten an ein Schild kommt – auf ganz legale Weise natürlich.

24

Der Fernwehpark in Hof

Der Fernwehpark soll laut Klaus Beer ein völkerverbindender und multikultureller Ort sein.

In 80 Schritten um die Welt

Spione aus der Luft

Mit Hilfe von Tauben konnte die CIA nahezu unbemerkt spionieren.

Eine kleine Figur im Stadtmuseum von Kronberg erzählt die Geschichte von Julius Neubronner. Es ist das Spielzeugfigürchen eines Soldaten aus dem Ersten Weltkrieg, mit dem von Julius Neubronner entwickelten fahrbaren Taubenschlag, der den mobilen Einsatz von Brieftauben ermöglichte.

Dr. Julius Neubronner wurde 1886 in Kronberg geboren und gehörte zu einer seit 1808 im Ort ansässigen Apothekerfamilie. In regelmäßiger Folge ging der Beruf des Apothekers in der Familie Neubronner vom Vater auf den Sohn über. Wilhelm, der Vater von Julius Neubronner, verlegte 1844 die erste Apotheke Kronbergs in das eigene Haus und begann damit, Brieftauben so abzurichten, dass sie ihm ärztliche Rezepte aus den benachbarten Ortschaften zutrugen. Die Rezepte wurden mittels eines kleinen Köchers, der aus einem Handschuhfinger hergestellt wurde, an den Tauben befestigt und dazu wie ein Ranzen um die Flügel aufgesetzt. Julius Neubronner griff die Versuche seines Vaters auf und experimentierte erfolgreich damit, Brieftauben auch als Arzneimittelträger zu verwenden.

Eine dieser Rezeptträgerinnen kehrte eines Tages erst mit vier Wochen Verspätung in ihren Taubenschlag zurück, da sie sich bei starkem Nebel verflogen hatte. So kam es, dass Julius Neubronner sich die Frage stellte, wo diese Brieftaube die letzten Wochen verbracht habe, und ihn auf den Gedanken brachte, dass ein kleiner Fotoapparat an der Taube das Rätsel hätte lösen können. Da die Konstruktion des Fotoapparates nicht einfach war, schließlich musste der Apparat sehr leicht sein und nicht mehr als 5 cm Brennweite besitzen, beauftragte Neubronner die mechanische Werkstätte von Schröder & Co. in Frankfurt. Das Resultat war ein Apparat mit zwei Objektiven, einem nach vorne und einem nach hinten, für das Neubronner ein Patent anmeldete. Mittels zweier Lederstreifen konnte der Fotoapparat am Bauch der Taube befestigt werden und ermöglichte eine Aufnahme im Format 3 x 8 cm. Was genau auf den Bildern zu sehen war, blieb dem Zufall überlassen.

Einige wenige dieser so entstandenen Fotografien sowie Ansichtspostkarten, sind im Stadtmuseum Kronberg zu sehen und zeigen Luftbildaufnahmen des Ortes. Ebenfalls ausgestellt ist eine über den Fotografien baumelnde Taube, an der man den kleinen Fotoapparat betrachten kann. In einem Bericht, der in „Ruhmesblätter der Technik" von F. M. Feldhaus zitiert wird, schreibt Neubronner über seine Entwicklung: „Ausgerüstet mit einem solchen Apparat findet die Taube Gelegenheit, sich in recht mannigfaltiger Weise zu betätigen, für strategische Zwecke, als Hilfsmittel für Forschungsreisende, zur photographischen Aufnahme von Etablissements und Fabriken usw ..."

In der Tat zeigte das preußische Kriegsministerium bald Interesse für die Brieftaubenfotografie mit dem Ziel, Bilder aus nächster Nähe der feindlichen Truppen zu bekommen. Im Gegensatz zu bereits entwickelten Ballons und Flugdrachen waren die Brieftauben unauffälliger und schwerer von den Gegnern zu treffen. Um die Tauben im geeigneten Moment verfügbar zu haben, entwickelte Julius Neubronner einen fahrbaren Taubenschlag nach dem Vorbild wandernder Künstler. Zusätzlich zu diesem konnte man eine Dunkelkammer transportieren zur Entwicklung der Fotografien.

Doch nicht nur die Preußen interessierten sich für die Tauben – auch die CIA griff die Idee der gefiederten Spione in den 1940er- Jahren auf und verwendete sie etwa 60 Jahre lang. Auf diese Weise erlangte Julius Neubronners Einfall weit über Kronberg hinaus Bekanntheit.

Neben der Brieftaubenfotografie filmte der Hofapotheker allerhand historische Ereignisse sowie Szenen des alltäglichen Lebens und experimentierte mit einer stereoskopischen Kamera. Die damit entstandene Sammlung von Filmmaterial und dreidimensionalern „Raumbildern" kann man ebenfalls im Stadtmuseum in Kronberg betrachten. Die Aufnahmen umfassen dabei sowohl Landschaften als auch kulturelle Szenen und Familienbilder und sind damit von großer historischer Bedeutung für seine Heimatstadt Kronberg.

Jeder kann hier die Figur verkörpern, die er gerne einmal wäre.

Berühmt für eine Minute

Mutig wie der David von Michelangelo, heroisch wie Augustus von Primaporta oder doch nur ein Manneken Pis: Auf dem Ich-Denkmal in Frankfurt kann jeder die Figur verkörpern, die er gerne einmal wäre, oder sich einfach selbst ein Denkmal setzen.

Beim Ich-Denkmal handelt es sich um einen Denkmalsockel aus Sandstein ohne Statue. Mit Hilfe von drei Stufen kann nun jeder, der möchte, den Platz oben auf dem Sockel einnehmen und diesen einmaligen Augenblick von seiner Begleitung auf Foto verewigen lassen. Das Denkmal ist bei den Besuchern des Mainufers sehr beliebt, sodass man mitunter auch warten muss, bis der Platz auf dem Sockel frei ist. Doch nicht nur die lebendigen Statuen haben so ihren Spaß. Bei schönem Wetter erfreuen sich auch zahlreiche Passanten an den Ideen der belebten Entdecker, Helden und Staatschefs. Bei einer besonders kreativen Pose wird mitunter auch mal applaudiert. Ebenso Tiere dürfen auf dem Denkmal fotografiert werden, dazu lädt ein Schild auf dem Boden vor dem Denkmal ausdrücklich ein.

Jeder Mensch ist einzigartig.
Das gilt auch für alle Tiere.
Halten Sie es fest für immer.

Entworfen wurde das Denkmal vom Zeichner und Cartoonisten Hans Traxler, der 1929 in der Tschechoslowakei geboren wurde. 1946 verkaufte er seine erste Karikatur an eine Münchner Illustrierte und zog fünf Jahre später nach Frankfurt am Main. Traxler stilisierte Helmut Kohl zur „Birne“ und veröffentlichte „Die Wahrheit über Hänsel und Gretel“, einen fingierten Bericht des angeblichen Laienarchäologen Georg Ossegg, der die Fundamente eines Hexenhauses mit Ofen ausgegraben hatte. Zusammen mit den Zeichnern F. W. Bernstein, Robert Gernhardt, Chlodwig Poth und F. K. Waechter sowie den Autoren Bernd Eilert, Eckhard Henscheid und Peter Knorr gehörte Traxler zur „Neuen Frankfurter Schule“, aus der die Satiremagazine Pardon und Titanic hervorgingen. Passend zu all der Blödelei bezeichnete die Süddeutsche Zeitung Traxler zu seinem 80. Geburtstag als „Cartoon-Teufel-Hans“ sowie als „freundlich-unerbittlichen Chronist des alltäglichen Schwachsinns“.

Wer nach dem Besuch des Ich-Denkmals auf den Geschmack gekommen ist, der kann im Anschluss das „Grüngürteltier“ von Robert Gernhardt und den „Pinkelbaum“ von F. K. Waechter begutachten oder das „Caricatura Museum für Komische Kunst“ am Weckmarkt 17 besuchen. Das Museum zeigt in seiner ständigen Ausstellung die Originalzeichnungen der „Neuen Frankfurter Schule“. Leicht zu erkennen ist das Caricatura durch die Elchskulptur am Eingang – ganz nach dem Motto: „Die schärfsten Kritiker der Elche waren früher selber welche“.

26

Das Ich-Denkmal in Frankfurt a. M.

EIN RIESIGER STREIT

Möchte man sich im Urlaub mal so richtig erholen, dann kann man dafür ans Meer fahren. Dazu packt man dann in der Regel sein Auto voll mit allerhand Badeutensilien und macht sich, bis unters Dach beladen, entweder auf den Weg in Richtung Nord- oder Ostsee oder aber in den Süden ans Mittelmeer. Wer nun aber beim Gedanken an vollgepackte Autos, Sand und überfüllte Strände die Nase rümpft, aber vielleicht dennoch mal ans Meer fahren möchte, dem bietet der Odenwald eine Alternative: das Felsenmeer. Hier kann sich der Urlauber garantiert bestens erholen – nur eben ohne Wasser.

Das Felsenmeer befindet sich oberhalb von Lautertal-Reichenbach. Ein Wanderweg schlängelt sich mitten durch das große Feld aus riesigen Steinen, die auf den Betrachter wie überdimensionierte Kieselsteine wirken, und bietet immer wieder neue Blickwinkel auf das Meer.

Entstanden ist das Felsenmeer nicht, wie man vielleicht vermuten würde, durch Gletscherbewegungen, sondern vielmehr durch Verwitterung. Vor mehr als 300 Millionen Jahren kollidierten die zwei Urkontinente Laurussia und Gondwana. Dabei entstand Magma, das in die Erdkruste aufstieg und beim Erkalten erst Risse bekam und sich dann in Steinblöcke zerteilte. Nach und nach hob sich der Untergrund an, das Gebirge, das sich oberhalb des Magmakörpers befand, wurde abgetragen und die Blöcke waren der Verwitterung ausgesetzt. Seine heutige Gestalt bekam das Felsenmeer dann tatsächlich in der Eiszeit, das Gebiet lag aber im gletscherfreien Permafrost. Die Gesteinsbrocken rundeten sich durch Wind und Wasser immer mehr ab, es blieben Felsformen zurück, die gefüllten Säcken ähneln. Der Geologe spricht deswegen auch von „Wollsackverwitterung".

Läuft man heutzutage nun im Felsenmeer umher, so findet man mitten zwischen all den riesigen Felsen außerdem allerhand behauene Steine und auch eine beeindruckend große Säule. Diese sind selbstverständlich nicht auf Verwitterungsprozesse zurückzuführen, sondern vielmehr auf die Nutzung des Gebietes als römischen Steinbruch. Wem diese geologische und völkerkundliche Erklärung nun allzu abstrakt erscheinen mag, dem gefällt vielleicht folgende Sage zur Entstehung des Felsenmeeres besser:

Einst lebten zwei mächtige Riesen im Odenwald. Einer auf dem Hohenstein und der andere auf der gegenüberliegenden Seite des Tales auf dem Felsberg. Als ihnen eines Tages sehr langweilig wurde, überlegten sie sich, wie sie die Zeit am besten vertreiben könnten, und hatten den Einfall, mit Steinen Kegeln zu spielen. Sorgsam formten sie Säulen und Kugeln, und schon bald konnte das Spiel beginnen. Da das Gelände aber sehr sumpfig war, blieb die erste Kugel auf halber Strecke im Tal stecken. Sie brauchten also wohl oder übel eine neue Idee. Da hatte einer der beiden Riesen den Einfall, eine Brücke über das Tal zu errichten, über die sie die Kugel rollen könnten. Die beiden Riesen machten sich ans Werk, schleppten die schweren Steine und errichteten eine große Brücke über das Tal. Doch als einer der Riesen die erste Kugel warf, brach die Brücke unter der Last des Steines kurzerhand zusammen. Noch heute kann man die Überreste des Spiels in Form der riesigen Säule im Felsenmeer finden. Nachdem die Brücke eingestürzt war, entbrannte ein Streit zwischen den beiden Riesen und sie begannen, sich mit den umherliegenden Felsen zu bewerfen. Der Hohensteiner Riese war im Vorteil, da es damals nur wenige Steine auf dem Felsberg gab, und begrub wutentbrannt seinen Gegner unter den großen Felsblöcken, woraus sich dieser nicht mehr befreien konnte.

Man sollte sich also nicht wundern, dass, wenn man heute fest auf den Boden des Felsberges auftritt, man mitunter das Wimmern des dort begrabenen Riesens vernehmen kann.

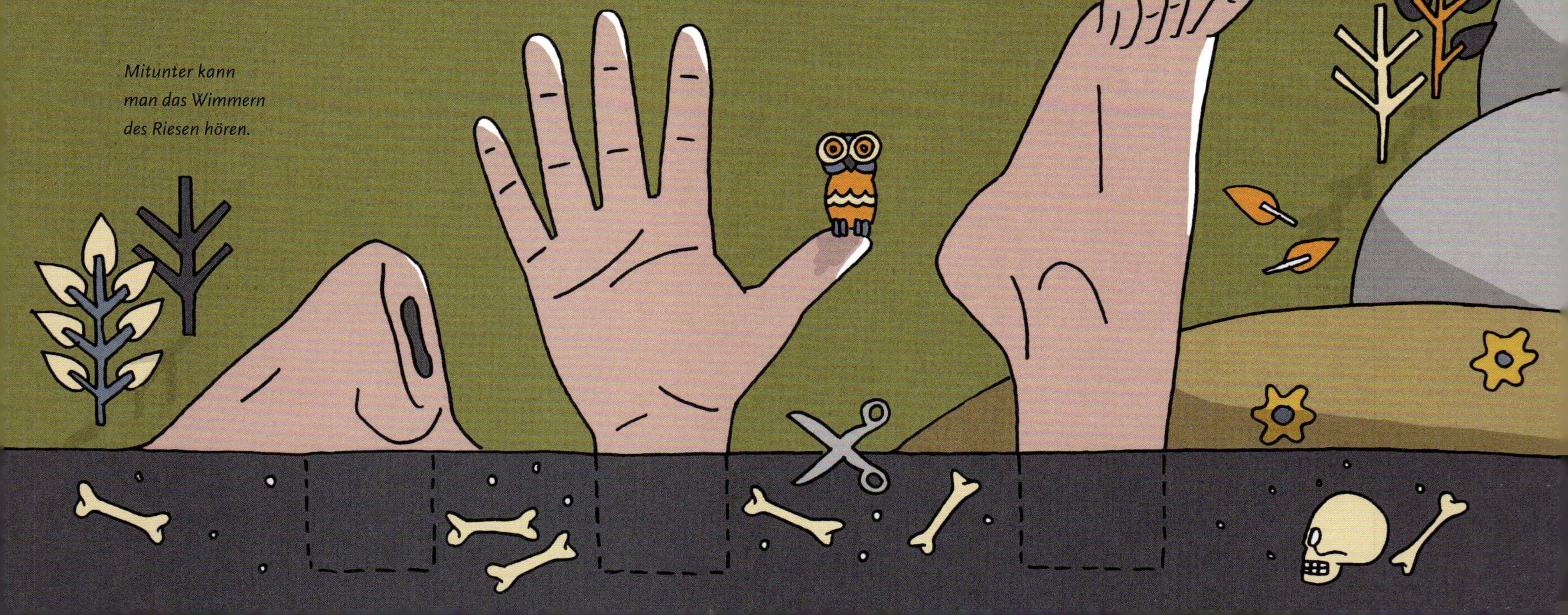

Mitunter kann man das Wimmern des Riesen hören.

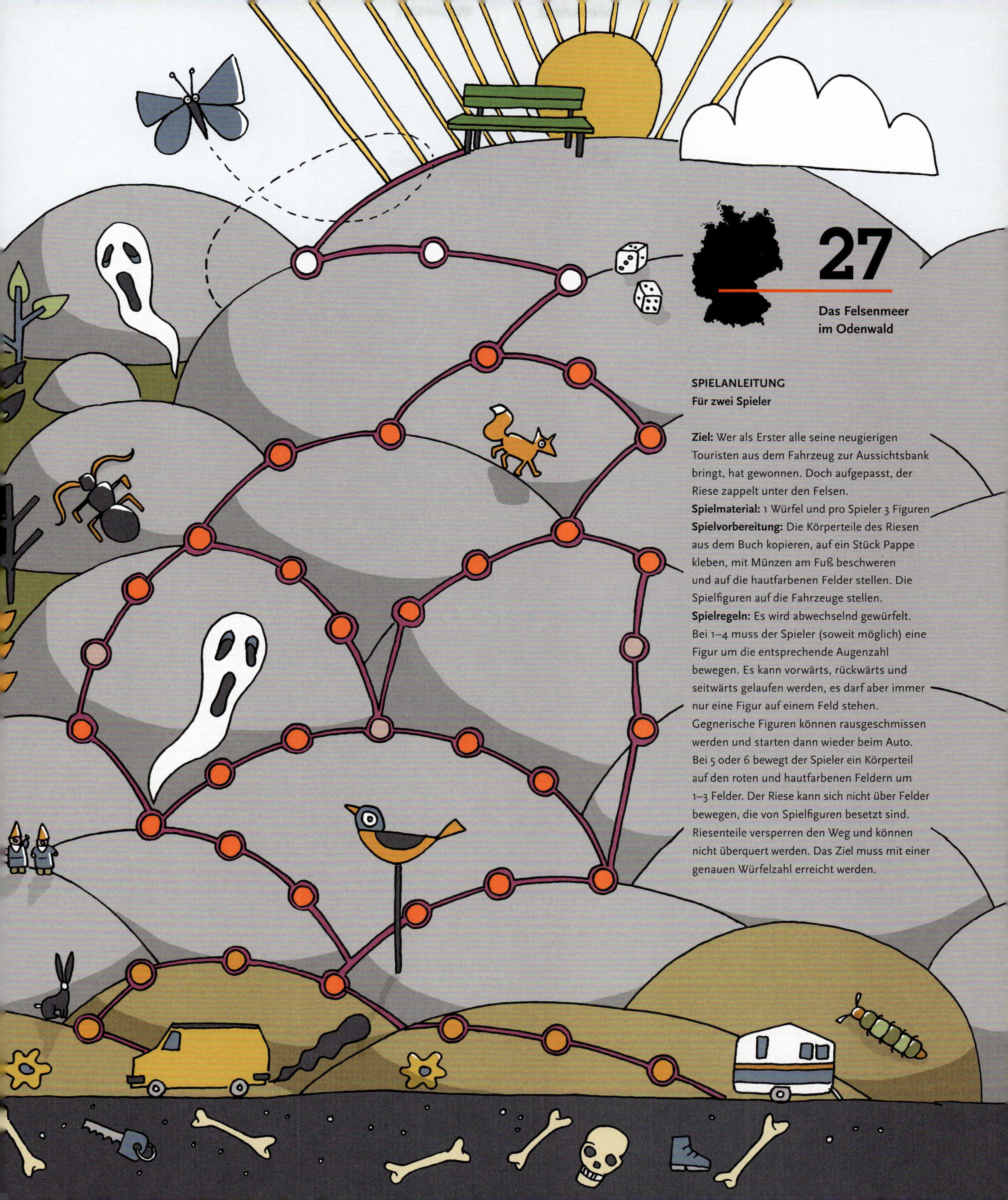

27

Das Felsenmeer im Odenwald

SPIELANLEITUNG

Für zwei Spieler

Ziel: Wer als Erster alle seine neugierigen Touristen aus dem Fahrzeug zur Aussichtsbank bringt, hat gewonnen. Doch aufgepasst, der Riese zappelt unter den Felsen.

Spielmaterial: 1 Würfel und pro Spieler 3 Figuren

Spielvorbereitung: Die Körperteile des Riesen aus dem Buch kopieren, auf ein Stück Pappe kleben, mit Münzen am Fuß beschweren und auf die hautfarbenen Felder stellen. Die Spielfiguren auf die Fahrzeuge stellen.

Spielregeln: Es wird abwechselnd gewürfelt. Bei 1–4 muss der Spieler (soweit möglich) eine Figur um die entsprechende Augenzahl bewegen. Es kann vorwärts, rückwärts und seitwärts gelaufen werden, es darf aber immer nur eine Figur auf einem Feld stehen. Gegnerische Figuren können rausgeschmissen werden und starten dann wieder beim Auto. Bei 5 oder 6 bewegt der Spieler ein Körperteil auf den roten und hautfarbenen Feldern um 1–3 Felder. Der Riese kann sich nicht über Felder bewegen, die von Spielfiguren besetzt sind. Riesenteile versperren den Weg und können nicht überquert werden. Das Ziel muss mit einer genauen Würfelzahl erreicht werden.

Oh du **fröhliche …**

All diejenigen, die es im Sommer kaum abwarten können, bis es wieder Weihnachten wird, sind in Rothenburg ob der Tauber genau richtig.

Ein Weihnachtsmuseum auch bei 30 Grad

Ein Weihnachtsmuseum. Im Winter klingt das nicht besonders einfallsreich. Anders verhält es sich aber im Sommer – wer denkt schon bei 30 Grad Außentemperatur an geschmückte Tannenbäume, Lametta und Engelshaar? All jene, die es im Sommer kaum abwarten können, endlich wieder den Baumbehang vom Dachboden zu holen, sind in Käthe Wohlfahrts Weihnachtsdorf genau richtig.

Üppig dekorierte Bäume

Hat man mit seinem Auto erst einmal einen Parkplatz zwischen den vielen Touristenbussen vor den Toren des Städtchens ergattert, sind es nur wenige Minuten zu Fuß bis zum Museum in Rothenburg ob der Tauber. Für die ausländischen Besucher gibt es am Eingang Informationsbroschüren in Chinesisch, Koreanisch, Spanisch, Englisch, Französisch und Italienisch. Vom Erdgeschoss aus führt eine kurze Treppe hinauf ins Museum, der Besucher kann nun hier alles über die Geschichte des traditionsreichen Familienfestes und die Entwicklung seiner Dekorationen erfahren. Zur richtigen Stimmung singt der Windsbacher Knabenchor aus den Lautsprechern, und der Boden ist mit einem Sternenteppich ausgelegt. Zahlreiche Bäume säumen den Weg und sind üppig dekoriert. Man erfährt, dass die ersten Weihnachtsbäume mitunter mit Käse und Würstchen behangen waren, und staunt über den ausgefallensten Schmuck in verschiedensten Materialien. Höhepunkt der Sammlung ist die Ausstellung von 150 historischen Weihnachtsmännern. Bei der Gestaltung der Ausstellung wurden auch die vielen Besucher aus nicht deutschsprachigem Raum bedacht, alle Informationstafeln sind zweisprachig angelegt.

Eine Spieldose für die Freunde aus Amerika

Die Idee zum Weihnachtsmuseum entstand bereits kurz nach der Eröffnung des weltbekannten „Weihnachtsdorfes“ im Jahr 1981 durch die Familie Wohlfahrt. Auslöser der geschäftlichen Idee war eine Spieldose, die nicht nur die Familie Wohlfahrt begeisterte, sondern auch eine befreundete Familie aus Amerika. Wilhelm Wohlfahrt versuchte daraufhin vergeblich, ein weiteres Exemplar einer solchen Dose zu erstehen, musste aber feststellen, dass diese nur im Winter zu erwerben waren. Daraus entstand die Idee, Spieldosen, Nussknacker, Räuchermännchen und Weihnachtspyramiden einzukaufen und diese ganzjährig anzubieten – erst auf Basaren, dann in einem Geschäft in Herrenberg bei Stuttgart und schließlich in Rothenburg ob der Tauber. Später folgten nicht nur deutschlandweit, sondern auch im Ausland weitere Filialen. Heute ist das Weihnachtsdorf ein beliebtes Ziel bei Touristen aus der ganzen Welt und fester Programmpunkt bei vielen organisierten Rundreisen.

Tax-free shopping und Treue-Bonus-Karte

Wer nach dem Besuch des Museums wieder richtig Lust auf Weihnachten bekommen hat, der kann in den angrenzenden Geschäften einkaufen, was das Zeug hält. Für Nicht-EU-Bürger gibt es Tax-free shopping, alle gängigen Kreditkarten werden akzeptiert und wer mag, kann sich eine Treue-Bonus-Karte ausstellen lassen. Hier gibt es alles, was man sich im Zusammenhang mit Weihnachten vorstellen kann: Nussknacker, Lametta, Engelshaar, Christbaumkugeln, Räucherstäbchen, Räuchermännchen, Spieldosen, Glasfiguren, Baumbehang aus Holz, Stroh und Zinn, Adventskalender, Tischdekorationen, Hampelmänner, Textilien, Weihnachtspyramiden und allerhand Spielzeug.

Auf dass es das ganze Jahr über glänze, glitzere und funkele!

28

Das Weihnachtsmuseum in Rothenburg o. d. Tauber

29 Die Dinkelsbühler Stadtbeleuchtung

SPOT AN

Wer das historische Städtchen Dinkelsbühl betrachten will, hat dafür Zeit bis 23 Uhr. Dann geht das Licht aus. Nein, zum Glück nicht überall. Die zahlreichen Laternen an den Häusern leuchten selbstverständlich weiter, sonst würde ja niemand mehr nach Einbruch der Nacht das Haus verlassen. Aber die Beleuchtung der Sehenswürdigkeiten wird ausgeschaltet. Das Münster St. Georg, das Hotel „Deutsches Haus", das Rothenburger Tor, und einige weitere historische Gebäude verschwinden dann in der Dunkelheit. Doch was also tun, wenn man seiner Herzdame oder seinem Herzbuben bei einem nächtlichen Spaziergang die romantisch beleuchtete Altstadt zeigen oder mit seiner Familie eine Besichtigung im Dunkeln unternehmen will?

Die Dinkelsbühler haben hierfür eine Lösung gefunden: den Stadtbeleuchtungsautomat. Das kleine Kästchen befindet sich in der Schrannegasse, ist durch eine Klappe verschlossen, aber dank einer, auch nach 23 Uhr betriebenen Lampe stets gut zu erkennen. Hat man das Kästchen gefunden, kann man für 400 Cent die Stadt wieder zum Leuchten bringen – für eine Stunde und 20 Minuten. Per „Countdown" auf dem Display ist es möglich, die verbleibende Zeit stets im Auge zu behalten. Unmittelbar um die Ecke, hier sieht man wie die Lampen nach und nach wieder zu leuchten beginnen, liegen das Münster St. Georg, eine spätgotische Kirche sowie das „Deutsche Haus", mit figurenreicher Fassade. Aber auch alle anderen Sehenswürdigkeiten sind zu Fuß gut zu erreichen, sodass man in der Zeit, die bis zum erneuten Erlöschen der Beleuchtung verbleibt, in Ruhe einen Spaziergang durch das Städtchen unternehmen kann.

Wer sich alleine im Dunkeln nicht allzu wohlfühlt, der hat die Möglichkeit, die Stadt mit einem Nachtwächter an seiner Seite zu betrachten. Diese Rundgänge finden vor 23 Uhr statt, sodass die 400 Cent anderweitig investiert werden können, auch dafür gibt es in Dinkelsbühl allerhand Möglichkeiten. Und damit man dann zu später Stunde auch das Nachtwächterlied aus voller Kehle mitzusingen vermag, hier schon einmal der Text:

„Hört ihr Leut und lasst Euch sagen,
unsere Glock hat neun geschlagen,
alle habt ihr nun gesehn:
Dinkelsbühl bei Nacht ist schön.
Vor des Feindes Grimm und Wüten,
tat der Herr die Stadt behüten;
er erhört der Kinder Flehn,
so blieb Dinkelsbühl bestehn."

Um Dinkelsbühl bei Nacht leuchten zu lassen, gibt es einen Stadtbeleuchtungsautomaten.

Die gläsernen Tannen, Fichten, Espen, Buchen und Kiefern funkeln und schimmern in der Sonne.

Glasklar

In der Region des Oberpfälzer- und des Bayrischen Waldes mangelt es nicht an ***Quarzsand, Holz und Pottasche, wichtige Zutaten zur Herstellung von Glas***. Kein Wunder also, dass die Produktion des empfindlichen Materials hier mittlerweile über 700 Jahre Tradition hat und sich ***zahlreiche Glasmanufakturen, -hütten, -schleifer und -bläser*** niedergelassen haben.

Da die ***Glasmacher und Glasveredler*** auch heute noch in Ostbayern tätig sind, eröffnete man 1997 die sogenannte „***Glasstraße***", die mit etwa 250 Kilometern von Neustadt an der Waldnaab bis nach Passau reicht. Um die Straße für Erholungssuchende aller Art interessant zu machen, sollte dazu natürlich etwas Imposanteres aufgestellt werden als einfach nur ein ***Weinglas***. „***Warum nicht gleich einen ganzen gläsernen Wald bauen?***", dachte man sich in Regen und fand mit Rudolf Schmid den geeigneten Künstler zur Errichtung des Waldes.

Am Fuße der Burgruine Weißenstein wächst er nun stetig an. Etwa 30 Bäume sind hier schon verwurzelt – pardon – Wurzeln haben sie natürlich keine, die ***gläsernen Bäume***. Und auch das Rascheln der Blätter wird man hier vermissen.

Dafür funkeln und schimmern die Tannen, Fichten, Buchen, Kiefern und Espen grün, braun und blau in der Sonne, wenn das Licht sich in ihren bunten Baumkronen bricht. Bis zu acht Meter hoch ragen die ***gläsernen Gebilde*** aus runden Scheiben und Platten, dreieckigen Zweigen oder geschichteten Stämmen in die Höhe, und bis zu 50 sollen es einmal werden. So zerbrechlich aber alles auch erscheinen mag, mit ihrem Gewicht von mehreren Tonnen und ihren ***dicken Glasplatten*** haben die Bäume, die den verschiedenen Baumarten der Region nachempfunden sind, bisher jeden Sturm überstanden.

Für alle Besucher, die noch mehr von der ***Glasstraße*** sehen wollen, gibt es neben dem gläsernen Wald außerdem noch eine ***gläserne Scheune, einen gläsernen Maibaum, eine Kristallglaspyramide, eine gläserne Kapelle, eine gläserne Arche, ein Glasmuseum und etliches mehr*** zu entdecken. Glasklar also, dass das durchsichtige Material für die Region mehr ist als nur ein einfacher Werkstoff zur Herstellung von Fensterscheiben und Trinkgefäßen.

30

Der Gläserne Wald bei Regen

Liebe zum DETAIL

AUCH LUST AUF DEN BAU EINES WASSERSPIELS?

HIER SIND ZWEI MODELLE IN MINIATUR ZUM NACHBAUEN

ZUM BASTELN DOPPELSEITE EINFACH AUF DICKES PAPIER KOPIEREN

SCHNEIDEN
FALTEN
KLEBEN

Hochzeitshaus

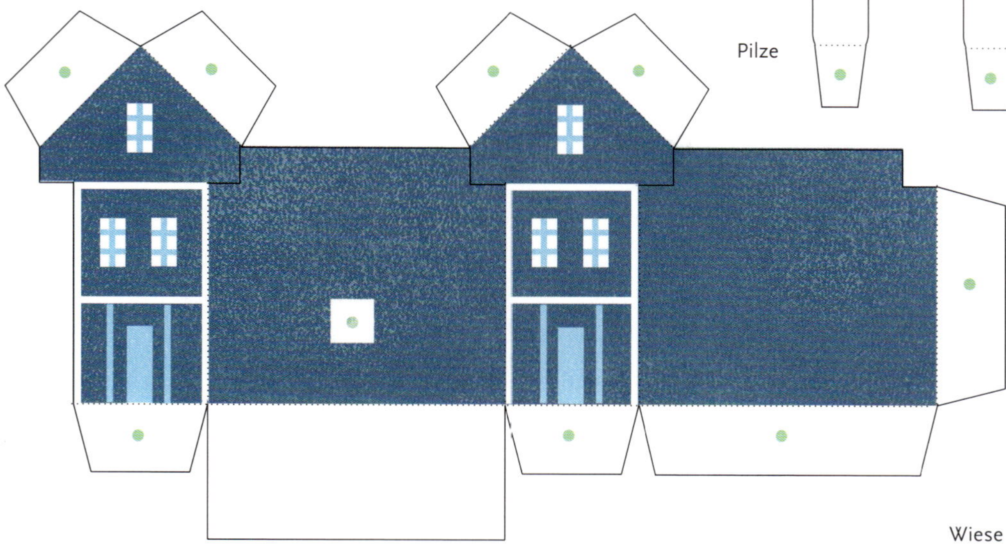

Pilze

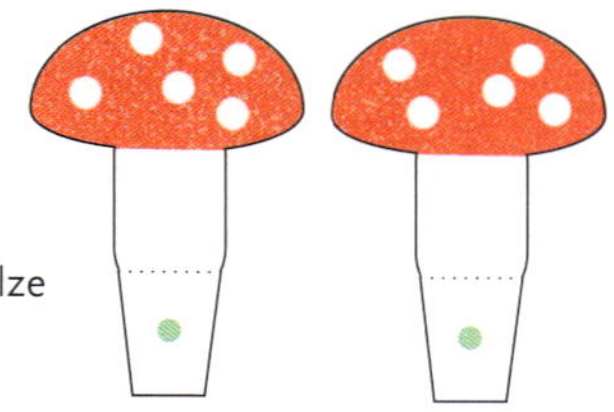

31

Die Schelmenklinge bei Lorch

Wiese mit Bach zum Bekleben

Die knapp 11 000 Einwohner zählende Kleinstadt Lorch dürfte vor allem durch das Wahrzeichen der Stadt, das Kloster Lorch, überregional bekannt sein. Ein weiterer beliebter Anreisegrund für Touristen ist die ehemalige Grenze des Römischen Reichs, die nordöstlich des Klosters verlief und an die heute die Nachbildung eines römischen Wachturms erinnert. Neben diesen beiden prominenten Sehenswürdigkeiten gibt es aber jedes Jahr von Mai bis Oktober noch ein weiteres kleines aber feines Ausflugsziel bei Lorch: **Die Wasserspiele des Schwäbischen Albvereins, welche sich entlang des Flüsschens befinden, das durch die Schelmenklinge plätschert.**

Zu den Wasserspielen führen mehrere Wege. Entweder man wählt vom Ortsteil Bruck aus den Einstieg über eine steile Stahltreppe oder legt von Lorch aus den Weg durchs Götzenbachtal zurück. Entscheidet man sich für die zweite Möglichkeit, die auch für Kinderwagen geeignet ist, so kann man den Parkplatz an der Götzenmühle nutzen. Der Einstieg in die Schelmenklinge befindet sich dann nach etwa 1 km rechter Hand. Im Näherkommen lässt sich das leise Klingeln des Wasserspiele vernehmen.

Mit viel Liebe zum Detail sind hier in Handarbeit aus Holz, Fahrrädern, Bechern und vielem mehr zahlreiche Wassermodelle entstanden. Neben kleinen Karussells drehen sich, angetrieben vom Wasser, mehrere Windmühlen beständig im Kreis; die Bäckerin schiebt tagein tagaus das Brot in ihren kleinen Ofen; der Fischer zieht regelmäßig einen Fisch aus dem Wasser, und beim Hochzeitshaus tauchen abwechselnd ein Kaminfeger und ein Storch auf dem Dach auf. Seit einigen Jahren gibt es nun auch wieder eine Miniaturkirche im Schelmental, nachdem die alte auf unerklärliche Weise verschwunden war. **Und neben all den Handwerksminiaturen darf natürlich auch ein kleiner Gartenzwerg mitsamt Fliegenpilz nicht fehlen.**

Sollte bei einem Besuch mal ein Wasserspiel defekt sein, sind daran manchmal Schelme, oft aber auch das Wetter und starker Regen schuld. Beschädigte Modelle werden dann vom fleißigen Helferteam aus dem Bach gefischt und eifrig wieder zusammengesetzt. Wer zum Erhalt der liebevoll gefertigten Modelle beitragen will, der kann entweder eine kleine Spende im „Spendenkässle" hinterlassen oder eine Patenschaft für eines der Wasserräder über den Schwäbischen Albverein übernehmen.

Dass die kleinen Modelle sich über Generationen hinweg großer Beliebtheit erfreuen, kann man auch im Online-Gästebuch der Schelmenklinge nachlesen: **„Ganz großes Lob und Dank!! Mit Enkelkindern dagewesen. (Auch früher schon mit eigenen Kindern) – Es ist ganz großartig!"**

32

Das Bunkerhotel in Stuttgart

HOTEL OHNE AUSBLICK

Bunte Tapeten zierten die Wände des Bunkers.

EIN TYPISCHER BUNKER

Voll ausgebaut und stets für einen Krisenfall bereit ist der Tiefbunker in Stuttgart Feuerbach, der im Zuge des Führersofortprogramms 1940/41 errichtet wurde. Durch einen steilen Gang kann man hier hinabsteigen; eine schwere Tür verschließt die Räume im Ernstfall. Neonröhren tauchen die Gänge in tristes Licht, die Stimmung in den kleinen Räumen ist bedrückend. Genau dies ist das Bild, das einem sofort in den Kopf kommen mag, wenn man sich einen typischen Bunker vorstellt.

ZUM ZIVILEN SCHUTZ

Wie in vielen anderen Großstädten auch baute man in Stuttgart zu Kriegszeiten eine große Zahl an Hoch- und Tiefbunkern, Stollen und Mehrzweckanlagen, um sich vor feindlichen Bombardements zu schützen. Heute sind hier noch 43 dieser Bunker Teil der sogenannten Zivilschutzbindung. Dazu kommt eine Vielzahl an Bauten, die entweder nicht mehr Teil des öffentlichen Zivilschutzes sind oder sich mittlerweile in privatem Besitz befinden.

UNTER DEM MARKTPLATZ

Ein weiterer großer Tiefbunker befindet sich unmittelbar unter dem Stuttgarter Marktplatz. Er wurde, ebenfalls wie der Bunker in Feuerbach, im Jahre 1941 errichtet. Bis zu 3000 Menschen fanden hier Schutz während eines Angriffs. Auch hier führt eine Treppe hinab in die Tiefe. Man durchquert schmale Gänge und enge Räume. Aber etwas ist hier auffallend anders und scheint auf den ersten Blick so gar nicht an diesen Ort zu passen: bunte Blümchentapete und kleine Lampenschirme an den Wänden!

DAS UNTERIRDISCHE HOTEL

Die Geschichte hinter diesen Überbleibseln aus längst vergangenen Tagen ist so simpel wie kurios zugleich: Als nach Ende des Zweiten Weltkrieges aufgrund der Bombenangriffe die Unterkunftsmöglichkeiten in Stuttgart rar gesät waren, beschloss man den Bunker umzufunktionieren und in ein Hotel umzuwandeln. 1945 bewarb sich Familie Zeller um den Pachtvertrag und startete den Betrieb des Hotels noch im selben Jahr. In den folgenden Jahren übernachteten hier unter anderem zahlreiche prominente Persönlichkeiten, wovon ein Gästebuch noch heute zeugt. Zusätzlich zu den knapp 100 Gästezimmern gab es im „gepflegten unterirdischen Hotel" alles, was ein Hotel so braucht. Waschgelegenheiten waren ebenso vorhanden wie eine Rezeption, ein Frühstücksraum und sogar ein Friseur. Nur eines fehlte: der Ausblick nach draußen.

DAS ENDE DES BUNKERS

Geöffnet hatte das Hotel bis zum Oktober 1985, dann hätten die Räumlichkeiten für etwa 2 Millionen DM renoviert werden müssen. Der Bunker wurde daraufhin geräumt, steht seitdem leer und verfällt zusehends. Heute hängt die 60er-Jahre-Tapete in Fetzen von der Wand, die Räume sind von Schimmel und Pilzen befallen und das Hotel öffnet seine Türen nur noch an wenigen Tagen im Jahr, wenn beispielsweise die lange Nacht der Museen ansteht.

DÜNNER DURCHSCHLUPF

33

Die engste Straße der Welt in Reutlingen

Für einen Eintrag ins Guinness Buch der Rekorde wurde ganz exakt gemessen.

Dass die Spreuerhofstraße eine der schmalsten Straßen überhaupt ist, haben die Reutlinger ja schon lange gewusst. Nun wurde genau gemessen, und seit 2007 ist es mit einem Eintrag ins Guinness-Buch der Rekorde offiziell: Mit nur 31 cm Meter Breite an ihrer schmalsten Stelle ist sie die engste Straße der Welt.

Kommt man als Besucher aus Richtung Bahnhof, kann man leicht an dem kleinen Durchgang vorbeilaufen. Damit die Straße aber nicht ganz übersehen wird, hat die Stadt ein Schild angebracht, auf dem der Rekord festgehalten ist. Quetscht man sich nun zwischen beiden Häusern hindurch, lässt sich erahnen, wie es in den engen Gassen Reutlingens im Mittelalter wohl ausgesehen haben mag.

Die erste namentliche Erwähnung Reutlingens findet sich von 1089/90. Zwischen 1220 und 1240 erhob Kaiser Friedrich II. Reutlingen zur freien Reichstadt und schützte sie mit Befestigungsanlagen gegen die Stauferfeinde. Nach einem verheerenden Stadtbrand im Jahre 1726 mussten große Teile der Stadt neu errichtet werden. Die Häuser wurden dabei oft dicht aneinandergebaut. Im Zuge dieses Neubaus entstand auch die Spreuerhofstraße. Zwischen zwei Gebäuden wurde damals ein kleiner Durchgang gelassen, damit man nicht um den ganzen Häuserblock herumlaufen musste.

Mittlerweile ist die Straße ein Magnet für Touristen aus der ganzen Welt, sodass man mitunter eine ganze Weile warten muss, bis sich die komplette Touristengruppe aus der Gegenrichtung zwischen den Häusern hindurchgezwängt hat, denn zum Ausweichen ist hier beileibe kein Platz. Per Handy kann man sich vor Ort über die engste Straße der Welt informieren und im offiziellen Faltblatt der Stadt Reutlingen heißt es: „Ein typisch schwäbischer Rekord, denn die Schwaben sind für ihre Bescheidenheit bekannt."

34

Wolpertinger in München

Es ist ein ganz besonderes Tier, das seit mehreren Hundert Jahren in Bayern heimisch, aber nur selten in freier Wildbahn zu beobachten ist: der Wolpertinger. Zumeist hat er den Kopf eines Hasen und trägt darauf stolz ein Geweih. Die Hinterbeine sind häufig mit den Füßen von Wasservögeln ausgestattet.

Wissenschaftler nehmen an, dass das erste dieser Säugetiere auf die Liebe eines Hasen, seines Zeichens ein starker Rammler, und eines Rehbockes zurückzuführen sei. Als die Tiere des Waldes das gehörnte Hasenbaby, welches die beiden zur Welt gebracht hatten, zu Gesicht bekamen, da verstanden sie, dass die Liebe der Tiere untereinander alle Grenzen überwinden könne. Auch Murmeltier und Fuchs, Marder und Fasan, Hase und Huhn verloren die Hemmungen voreinander, und nach und nach erblickten immer mehr Wolpertinger das Licht der Welt.

Der Wolpertinger huscht vorwiegend nachts durch die bayerischen Wälder und gilt als äußerst scheu. Dementsprechend gestaltet sich auch die Jagd der Tiere recht schwierig. Der Legende nach können die Wolpertinger ausschließlich in der Abenddämmerung einer Vollmondnacht von ledigen jungen Frauen in Begleitung eines stattlichen Mannes gesichtet werden. Zum Fangen des Wolpertingers bedarf es nun einer Kerze, um das Tier anzulocken, sowie eines Spatens, mit dem man den Wolpertinger dann in einen Sack treiben kann. Auf diese oder ähnliche Weise ist es auch dem deutschen Jagd- und Fischereimuseum gelungen, einige Exemplare zu fangen, die man dort, leider nur noch ausgestopft, betrachten kann.

Auf einer kleinen Tafel erhält der Besucher hier Informationen über Lebensweise, Größe und Gewicht sowie Tragzeit und Bejagung. Nur eines stimmt nachdenklich: Als Lebensraum wird hier vorwiegend die „Psyche der Bayern" angegeben. Sollten die possierlichen Tierchen am Ende doch nicht im Wald, sondern in der Werkstatt eines humorvollen Tierpräparators das Licht der Welt erblickt haben?

Der Wolpertinger ist ein kleines, in Bayern beheimatetes Mischwesen, in dem manchmal sogar fünf oder mehr Tiere vereinigt sind.

DAS BAYRISCHE URVIEH

Väterchen Timofej und seine Kirche

Mitten in einem wildromantischen Gärtchen in München hoppelt ein Hase über die Wiese. Bienen summen zwischen den mit Kugeln, Ketten und Blümchen verzierten Bäumen umher, und zwischen all den Sträuchern steht eine kleine selbst gebaute Holzkirche. Es ist die Ost-West-Friedenskirche von Väterchen Timofej und seiner Frau Natascha. Die Geschichte der Kirche klingt, passend zum verwilderten Gärtchen, selbst wie ein Märchen.

Eine lange Reise

Timofej Prochorow wurde vermutlich 1894 in Russland geboren und wuchs in einem kleinen Dorf auf. Er heiratete, bekam zwei Kinder und fuhr mit seiner Pferdekutsche Brennstoff durch die Dörfer. Eines Tages, zur Zeit des Zweiten Weltkrieges, wurde sein Wagen von einem Trupp Soldaten beschlagnahmt. Als er sich endlich auf den Heimweg machen konnte, war die Nacht schon hereingebrochen. Timofej berichtete, er hätte eine Lichtsäule vom Himmel herabkommen sehen und ihm sei Maria, die Mutter Gottes, erschienen. Sie habe ihm befohlen, in den Westen zu gehen und eine Kirche zu errichten. Nach einer langen Reise über Polen, die Tschechoslowakei und Italien gelangte Timofej, der seine Frau und Kinder zurücklassen musste, nach Österreich. Auf dem Weg lernte er Natascha kennen, die ihn begleitete. Gemeinsam richteten sie eine kleine Kirche ein, wurden aber vertrieben. Timofej begann zu fasten. Da erschien ihm Maria erneut und sagte, er solle nach München aufbrechen und seine Kirche dort erbauen. 1952 erreichten sie die Stadt, Timofej wurde aber verhaftet, weil man ihn wegen unbefugten Übertretens der Staatsgrenze angezeigt hatte. Er erzählte, er habe nach einer weiteren Zeit des Fastens in Haft erneut Maria gesehen, die ihm den genauen Ort für seine Kirche gesagt habe. Nach seiner Entlassung machte er sich mit Natascha auf den Weg, und sie begannen, mit Holz und Pappe aus einem Schuttberg, eine Bleibe und eine Kirche zu bauen.

Die kleine Kirche

Und obwohl es sich um einen Schwarzbau handelte und es immer wieder Probleme mit der Polizei gab, blieb die Kirche bis zum Jahr 1968 stehen. Dann wurde bekannt, dass das Gelände für die Olympischen Spiele genutzt werden sollte und Timofej das Bauvorhaben störte. Die Münchner protestierten aber erfolgreich gegen den Abriss und so ist die Kirche bis heute erhalten geblieben. Die kleine Ost-West Friedenskirche wurde immer bekannter, viele prominente Besucher wie Königin Silvia aus Schweden und der Künstler Hundertwasser besichtigten sie. Im Jahre 1977 starb Natascha, die 1972 Timofejs Frau geworden war, und er errichtete ein symbolisches Grab im Garten hinter der Kirche. Timofej selbst wurde 110 Jahre alt.

Ein Ort der Ruhe

Auch heute noch ist der Garten am südlichen Ende des Olympiageländes eine Oase der Ruhe und wird immer wieder gerne von Besuchern aus der ganzen Welt aufgesucht. Im Gästebuch kann man so unter anderem, verziert mit vielen Herzen, folgende Einträge entdecken: „Es ist schön, dass es immer wieder Menschen wie Dich gibt. Dein Garten ist wunderschön, und ich hätte dich sehr gern noch am Leben."

*Mit seiner Pferde-
kutsche verteilte
Timofej Brennstoff
in den Dörfern.*

Durch rhythmisches Wippen oder vorsichtiges Hüpfen beginnt der Boden zu wackeln.

36

Der Wackelwald bei Bad Buchau

Die Bäume im Wackelwald haben es gemütlich; stehen sie doch auf einem Boden, der sich anfühlt wie ein großes Wasserbett. Wären da nur nicht die zahlreichen Besucher, die den Tag über nichts Besseres zu tun haben, als auf dem Boden herumzuhüpfen und die Bäume und Büsche damit ordentlich durchzuschütteln.

Der Wackelwald gehört zum Naturschutzgebiet Federsee. Das Gebiet des heutigen Waldes war einst Teil des Sees, der vor rund 15 000 Jahren während der letzten Eiszeit entstand. Durch das Absinken von toten Pflanzen und Kalk begann der See zu verlanden. Es bildeten sich dicke Ablagerungen, sogenannte Mudde. Der See wurde immer flacher, Pflanzen begannen vom Ufer hereinzuwachsen, und um den See entwickelte sich Torf, der im Gebiet des Wackelwaldes nur rund 30 cm dick ist. Unter dieser dünnen Schicht befinden sich die weichen puddingartigen Ablagerungen mit bis zu sechs Metern Dicke. Einzig durch das Wurzelnetz der Pflanzen kann man auf dem Moorboden im Wackelwald überhaupt laufen. Das Gebiet des Waldes wird heute nicht mehr forstwirtschaftlich genutzt, kranke und abgestorbene Bäume bleiben stehen. Das ist auch der Grund dafür, dass sich hier eine Vielzahl an Pilzen, Pflanzen und Tieren entwickeln konnte. Als Besucher kann man vom Federseemuseum aus dem 600 Meter langen Wackelpfad durch das Gebiet des Waldes und seiner näheren Umgebung folgen und erfährt an acht Stationen alles Wissenswerte über das Gebiet. Der begehbare Weg ist durch ein Seil vom Wald abgetrennt, sodass auch ja keiner verloren geht im Moor. Wenn man nun mit den Füßen auf dem Weg wippt oder vorsichtig hüpft, beginnt der Boden zu wackeln. Es werden kleine Wellen auf dem Untergrund sichtbar und selbst Bäume und Büsche beginnen zu schwingen. Und egal ob Alt oder Jung, hier wackeln alle Besucher, bis ihnen die Puste ausgeht.

Noch ein kleiner Tipp am Rande: Besonders gut geeignete „Wackelstellen“ erkennt man leicht daran, dass der Boden an diesen Stellen durch die vielen „Wackler“ nur noch recht spärlich mit Laub bedeckt ist.

REGISTER

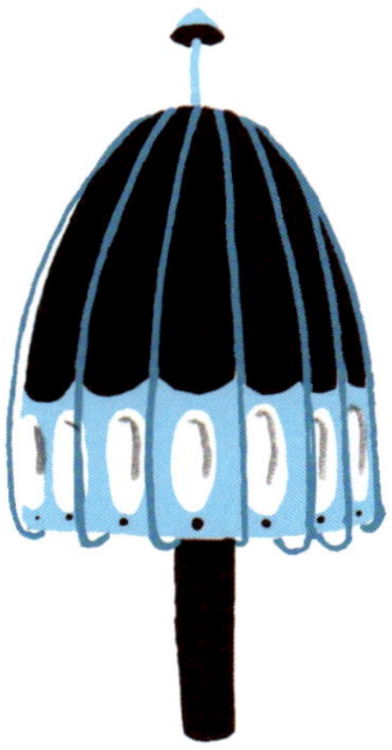

01

Die Tauchgondeln in der Ostsee

Adressen und Kontakt
www.tauchgondel.de
(Öffnungszeiten siehe Webseite)

Tauchgondel Zinnowitz
An der Strandpromenade 0
17454 Ostseebad Zinnowitz
Tel.: +49 / 3 83 77 / 3 78 61
zinnowitz@tauchgondel.de

Tauchgondel Sellin
Wilhelmstraße 25
18586 Ostseebad Sellin
Tel.: +49 / 3 83 03 / 9 27 77
sellin@tauchgondel.de

Tauchgondel Grömitz
Kurpromenade 0
23743 Grömitz
Tel.: +49 / 45 62 / 22 51 30
groemitz@tauchgondel.de

Tauchgondel Zingst
An der Seebrücke
18374 Ostseeheilbad Zingst
Tel.: +49 / 38 36 / 20 12 61
zingst@tauchgondel.de

02

Das Wrackmuseum in Cuxhaven

Adresse
Wrackmuseum
Dorfstraße 80
27476 Cuxhaven

Kontakt
Tel.: +49 / 47 21 / 2 33 41

Öffnungszeiten
Ende März bis Ende Oktober:
Di bis So/Feiertag von 10:00 bis 17:00 Uhr

Achtung!
Ab voraussichtlich Herbst 2013 ist das Museum im „Windstärke 10" in der Ohlroggestraße 1 in Cuxhaven untergebracht.

03

Häuser auf dem Kopf

Adressen und Kontakt
Verrückte Häuser
(Öffnungszeiten siehe Webseiten)

Wiesenweg 2
17449 Trassenheide
Tel.: +49 / 3 83 71 / 2 63 44
www.weltstehtkopf.de

Tierpark Gettorf
Süderstraße 33
24214 Gettorf
Tel.: +49 / 43 46 / 4 16 00
www.dasverruecktehaus.de

Horstfeldweg 1
29646 Bispingen
Tel.: +49 / 1 60 / 92 19 26 76
www.dasverruecktehaus-bispingen.de

Pirateninsel Rügen
Lauterbacher Straße 10
18581 Putbus
Tel.: +49 / 3 83 01 / 89 83 66
www.pirateninsel-ruegen.de

Nova Eventis, Leipzig
Einkaufszentrum Nova Eventis
06237 Leuna
Tel.: +49 / 1 60 / 92 19 26 76
www.dasverruecktehaus-leipzig.de

04

Das Zusatzstoffmuseum in Hamburg

Adresse
Deutsches Zusatzstoffmuseum
Banksstraße 28, Großmarkt,
20097 Hamburg

Zugang zu Fuß über Tor Nord
(Am Drehkreuz klingeln);
mit dem Auto über Tor Ost

Kontakt
Tel.: +49 / 40 / 32 02 77 57
www.zusatzstoffmuseum.de
info@zusatzstoffmuseum.de

Öffnungszeiten 2013
Mi, Fr bis So von 11:00 bis 17:00 Uhr,
Do von 14:00 bis 20:00 Uhr

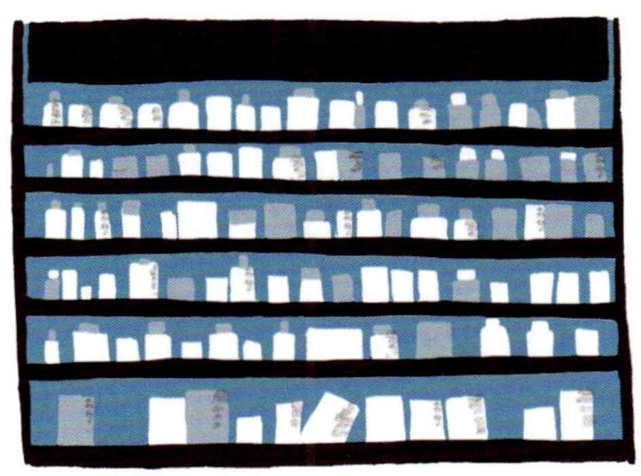

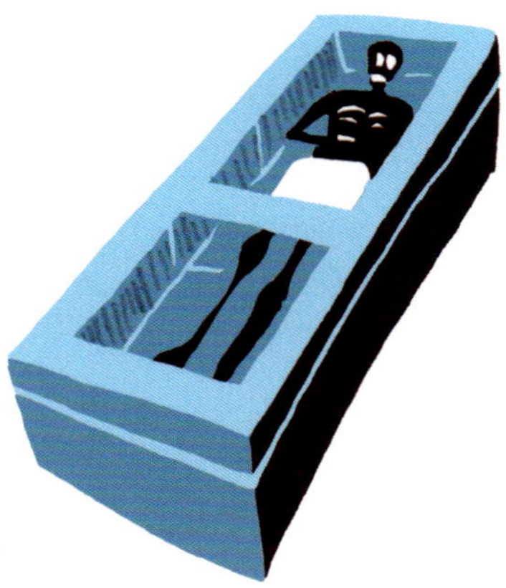

05

Ritter Kalebuz in Neustadt (Dosse)

Adresse
Wehrkirche Kampehl
Kampehl 23
16845 Neustadt (Dosse)

Kontakt
Ev. Pfarramt in Neustadt (Dosse)
Tel.: +49 / 3 39 70 / 1 32 65
www.kalebuz.de
Pfarramt.koeritz@web.de

Öffnungszeiten
siehe Homepage

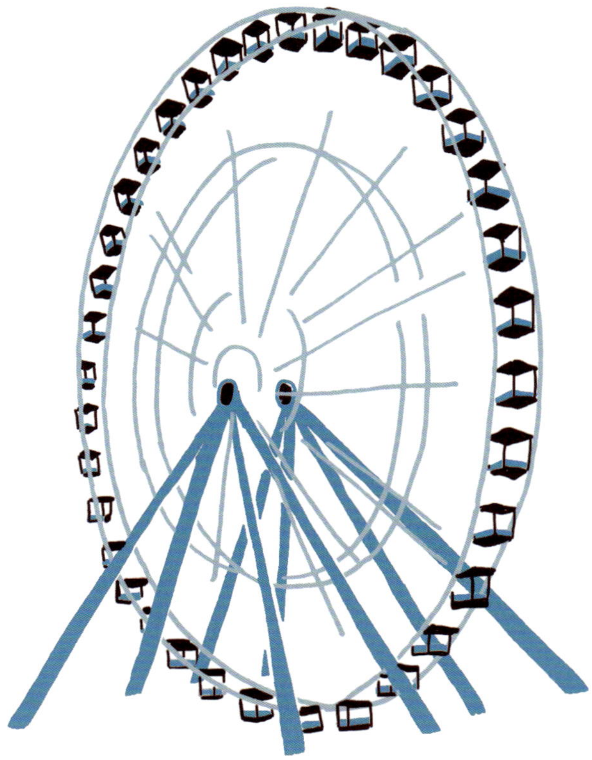

06

Der Spreepark in Berlin

Adresse
Spreepark Berlin
Kiehnwerderallee / Plänterwald
12437 Berlin

Kontakt
www.berliner-spreepark.de
christopher@berliner-spreepark.de

Infos
der-spreepark-berlin.de
www.spreepark.de

Öffnungszeiten
Gelände nicht frei zugänglich;
regelmäßige Führungen mit
Christopher Flade

07

Das Currywurstmuseum in Berlin

Adresse
Deutsches Currywurst Museum
Schützenstraße 70
10117 Berlin

Kontakt
Tel.: +49 / 30 / 88 71 86 47
www.currywurstmuseum.de
info@currywurstmuseum.com

Öffnungszeiten 2013
täglich von 10:00 bis 20:00 Uhr

08

Das Baumhaus an der Mauer in Berlin

Adresse
Baumhaus an der Mauer
Bethaniendamm
10997 Berlin

Kontakt
Mobil: +49 / 176 / 21 97 66 12

Öffnungszeiten
Gelände kann von der angrenzenden Straße aus gut betrachtet werden; für Besichtigungen ist vorab telefonisch ein Termin zu vereinbaren

09

Alexandrowka in Potsdam

Adresse
Russische Kolonie
14469 Potsdam

Kontakt Museum
Tel.: +49 / 3 31 / 8 17 02 03
www.alexandrowka.de

Kontakt Restaurant
www.alexandrowka-haus1.de

Öffnungszeiten
siehe Homepages

10

Die verwaiste Bahnstation in Hannover

Adresse
Raschplatz
30161 Hannover

Kontakt
Tel.: +49 / 5 11 / 12 38 37 00
www.stattreisen-hannover.de
info@stattreisen-hannover.de

Öffnungszeiten
nicht frei zugänglich;
regelmäßige Führungen über
Stattreisen

Sonstiges
Musik aus dem Gully:
gullyman.eu

Das Junkerhaus in Lemgo

Adresse
Museum Junkerhaus Lemgo
Hamelner Straße 36
32657 Lemgo

Kontakt
Tel.: +49 / 5 26 1 / 66 76 95
www.junkerhaus.de
mail@junkerhaus.de

Öffnungszeiten 2013
1. April bis 31. Oktober:
Di bis So von 10:00 bis 17:00 Uhr,
1. November bis 31. März:
Fr bis So von 11:00 bis 15:00 Uhr

11

12

Das längste Konzert der Welt in Halberstadt

Adresse
Burchardikirche
Am Kloster 1
38820 Halberstadt

Kontakt
John Cage Orgelstiftung
www.aslsp.org
Tel.: +49 / 39 41 / 62 16 20

Öffnungszeiten 2013
April bis Oktober:
Di bis So von 11:00 bis 17:00 Uhr,
November bis März:
Di bis So von 12:00 bis 16:00 Uhr

Der Sri Kamadchi Ampal Tempel in Hamm

Adresse
Hindu Shankara Sri Kamadchi Ampal
Tempel e.V.
Siegenbeckstr. 4–5
59071 Hamm

Kontakt
Tel.: +49 / 23 88 / 30 22 23
info@kamadchi-ampal.de
www.kamadchi-ampal.de

Öffnungszeiten 2013
Täglich von 8:00 bis 14:00 Uhr
und von 17:00 bis 20:00 Uhr;
Gottesdienste:
Täglich um 8:00 Uhr, 12:00 Uhr
und 18:00 Uhr

13

14

Die Teufelsmauer bei Blankenburg

Adresse
Teufelsmauer
bei Blankenburg

Touristeninformation
Schnappelberg 6
38889 Blankenburg
Tel.: +49 / 39 44 / 28 98
www.blankenburg.de
touristinfo@blankenburg.de

Öffnungszeiten
frei zugänglich

15

Der Harzer Naturistenstieg bei Wippra

Adresse
Talsperre
06526 Sangerhausen

Infos
www.nacktwandern.de
www.harzernaturistenstieg.de

Touristeninformation
Markt 18
06526 Sangerhausen
Tel.: +49 / 34 64 / 1 94 33
sangerhausen-tourist.de
info@sangerhausen-tourist.de

Öffnungszeiten
frei zugänglich

16

Das Giraffenmuseum in Dortmund

Adresse
Heinz-Jürgen Preuß
Wickeder Hellweg 25
44319 Dortmund-Wickede

Kontakt
Tel.: +49 / 2 31 / 2 86 45 77
Mobil: +49 / 1 72 / 7 40 42 65
www.giraffen-museum.de
info@giraffen-museum.de

Öffnungszeiten
Besichtigungen nach vorheriger
Terminabsprache

17

Der schiefe Turm in Bad Frankenhausen

Adresse
Oberkirchturm
Oberkirchgasse
06567 Bad Frankenhausen

Kontakt
www.oberkirchturm.de
www.der-schiefe-turm.de

Touristeninformation
Anger 14
06567 Bad Frankenhausen
Tel.: +49 / 3 46 71 / 7 17 17
www.kyffhaeuser-tourismus.de
info@kyffhaeuser-tourismus.de

Öffnungszeiten
Gelände rund um den Turm frei zugänglich;
Führungen auf Anfrage

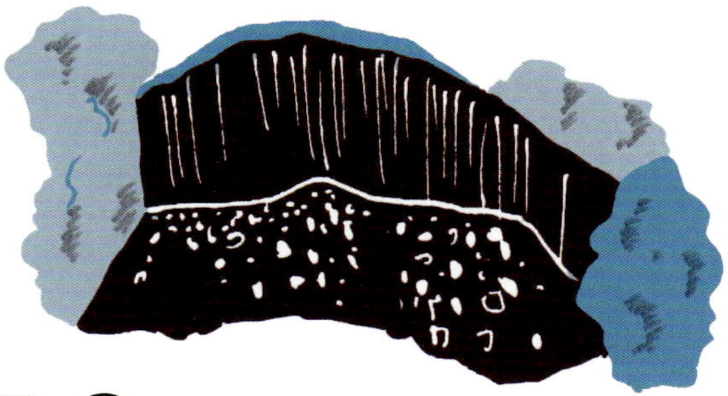

18

Die Stinksteinwand bei Frankershausen

Adresse
Fußweg ab Parkplatz Schwalbenthal
oder ab Frau Holle Teich
37290 Meißner

Kontakt
Naturpark Meißner-Kaufunger Wald
Tel.: +49 / 56 51 / 95 21 25
www.naturpark-mkw.de
info@naturparkmeissner.de

Öffnungszeiten
Aussicht auf Steinwand von höher gelegenem Plateau, dem Standort Höhenstein;
geführte Wanderungen werden vom Naturpark-Team angeboten

19

Der Sauriergarten in Großwelka

Adresse Sauriergarten
Sauriergarten Großwelka
Großwelkaer Straße 27
OT Großwelka
02625 Bautzen

Adresse Saurierpark
Saurierpark 1
OT Kleinwelka
02625 Bautzen

Kontakt Sauriergarten
Tel.: +49 / 3 59 35 / 2 08 18
www.sauriergarten.eu
info@sauriergarten-gruss.de

Kontakt Saurierpark
Tel.: +49 / 3 59 35 / 30 36
www.saurierpark.de
info@saurierpark.de

Öffnungszeiten 2013
28. März bis 3. November:
täglich von 9:00 bis 18:00 Uhr,
Juli und August von 9:00 bis 19:00 Uhr;
Eingang zum Sauriergarten über
Saurierpark

20

Der Kronleuchtersaal in Köln

Adresse
Kreuzung Theodor-Heuss-Ring mit
Clever Straße
50668 Köln/Neustadt-Nord

Kontakt
Stadtentwässerungsbetriebe Köln
www.steb-koeln.de
ralf.broecker@steb-koeln.de

Köln Tourismus
Kardinal-Höffner-Platz 1
50667 Köln
Tel.: +49 / 2 21 / 3 04 00
www.koelntourismus.de

Öffnungszeiten
nicht frei zugänglich;
regelmäßige Führungen;
Anmeldung erforderlich

21

Der Spiegelslustturm bei Marburg

Adresse
Kaiser-Wilhelm-Turm
Hermann-Bauer-Weg
35043 Marburg

Kontakt
MObiLO e.V.
Tel.: +49 / 64 21 / 68 21 29
www.spiegelslustturm.de
info@spiegelslustturm.de

Touristeninformation
Pilgrimstein 26
35037 Marburg
Tel.: +49 / 64 21 / 9 91 20
www.marburg.de
mtm@marburg.de

Sonstiges
Tel.-Nr. zum Anschalten:
+49 / 90 05 / 77 12 07

22

Der Druidenstein bei Herkersdorf

Adresse
Druidenstein
Zum Sangeshof
57548 Kirchen (Sieg)

Infos
www.kirchen-sieg.de

Öffnungszeiten
frei zugänglich

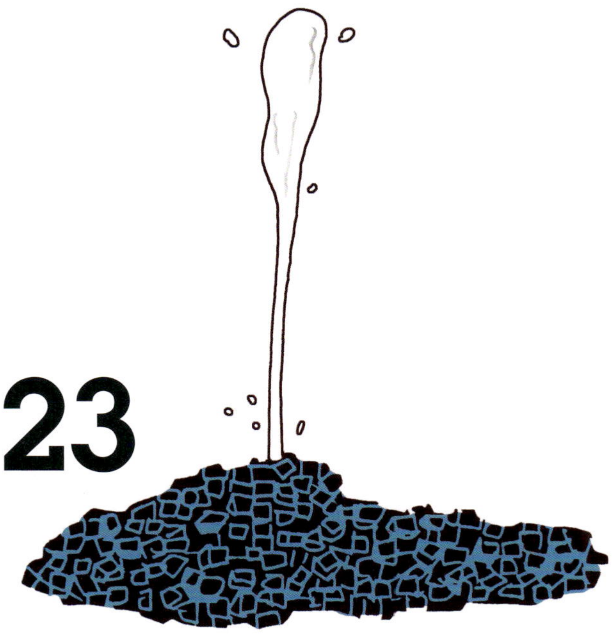

23

Der Kaltwassergeysir bei Andernach

Adresse
Geysir Andernach Erlebniszentrum
Konrad-Adenauer-Allee 40
56626 Andernach

Kontakt
Tel.: +49 / 26 32 / 9 58 00 80
www.geysir-andernach.de
info@geysir-andernach.de

Öffnungszeiten 2013
17. März bis 31. Oktober
täglich von 09:00 bis 17:30 Uhr;
Besichtigung des Geysirs erfolgt vom
Erlebniszentrum aus

24

Der Fernwehpark in Hof

Adresse
Fernwehpark
Graben 26
95028 Hof

Kontakt
Organisationsbüro Hofer
Fernwehpark „Signs of Fame“
Tel.: +49 / 92 81 / 9 44 27
www.fernweh-park.de
info@fernweh-park.de

Öffnungszeiten
frei zugänglich

25

Brieftaubenfotografie in Kronberg

Adresse
Museum Stadtgeschichte Kronberg
Schlossstrasse 10-12
61467 Kronberg im Taunus

Kontakt
Tel.: +49 / 61 73 / 77 88

Infos
www.museen-in-hessen.de
www.kronberg.de

Öffnungszeiten 2013
April bis 31. Oktober:
Sa und So von 13:00 bis 17:00 Uhr

26

Das Ich-Denkmal in Frankfurt a. M.

Adresse
Mainuferanlage Oberrad
zwischen Ruder-Club und Gerbermühle
60599 Frankfurt am Main

Touristeninformation
www.frankfurt-tourismus.de
info@infofrankfurt.de

Öffnungszeiten
frei zugänglich

27

Das Felsenmeer im Odenwald

Adresse
Felsenmeerinformationszentrum
Seifenwiesenweg 59
64686 Lautertal

Kontakt
Tel.: +49 / 62 54 / 94 01 60
www.felsenmeer-informationszentrum.de
information@felsenmeer.eu

Infos
www.geo-naturpark.net
www.felsenmeer.org
www.felsenmeerkobolde.de

Öffnungszeiten
frei zugänglich

28

Das Weihnachtsmuseum in Rothenburg o. d. Tauber

Adresse
Deutsches Weihnachtsmuseum GmbH
Herrngasse 1
91541 Rothenburg ob der Tauber

Kontakt
www.weihnachtsmuseum.de
weihnachtsmuseum@wohlfahrt.com

Öffnungszeiten
siehe Homepage

29

30

Der Gläserne Wald bei Regen

Adresse
Gläserner Wald
94209 Regen
(Bei der Burgruine Weißenstein)

Kontakt
www.glaeserner-wald.de
tourist@regen.de

Öffnungszeiten
frei zugänglich

Die Dinkelsbühler Stadtbeleuchtung

Adresse
Schrannengasse Ecke Weinmarkt
91550 Dinkelsbühl

Touristeninformation
Altrathausplatz 14
91550 Dinkelsbühl
Tel.: +49 / 98 51 / 90 24 40
www.dinkelsbuehl.de
touristik.service@dinkelsbuehl.de

Sonstiges
ab 23 Uhr

Die Schelmenklinge bei Lorch

Adresse
Schelmenklinge
bei 73547 Lorch
zu erreichen über verschiedene Wanderwege

Kontakt
www.schelmenklinge.de

Schwäbischer Albverein
Tel.: +49 / 7 11 / 22 58 50
www.schwaebischer-albverein.de
info@schwaebischer-albverein.de

Öffnungszeiten
frei zugänglich von Mai bis Ende Oktober

31

32

Das Bunkerhotel in Stuttgart

Adresse
Bunker Marktplatz
Marktplatz
70173 Stuttgart

Kontakt
www.schutzbauten-stuttgart.de
info@schutzbauten-stuttgart.de

Infos
www.lange-nacht.de

Öffnungszeiten
Nur geöffnet im Rahmen der „Langen Nacht der Museen“
(Bunker Feuerbach zu besichtigen über Schutzbauten Stuttgart)

Die engste Straße der Welt in Reutlingen

Adresse
Spreuerhofstraße
72764 Reutlingen

Touristeninformation
Marktplatz 2
72764 Reutlingen
Tel: +49 / 71 21 / 93 93 53 53
info@tourismus-reutlingen.de
www.tourismus-reutlingen.de

Öffnungszeiten
frei zugänglich

33

Wolpertinger in München

Adresse
Deutsches Jagd- und Fischereimuseum München
Neuhauser Straße 2
80331 München

Kontakt
Tel.: +49 / 89 / 22 05 22
www.jagd-fischerei-museum.de
info@jagd-fischerei-museum.de

Öffnungszeiten 2013
Täglich von 9:30 bis 17:00 Uhr,
letzter Einlass 16:15 Uhr,
Do Abendöffnung bis 21:00 Uhr,
letzter Einlass 20:15 Uhr

34

35

Die Ost-West-Friedenskirche in München

Adresse
Stiftung Ost-West-Kirche e. V.
Spiridon-Louis Ring 100
80809 München

Kontakt
Mobil: +49 / 177 / 8 76 67 01
www.ost-west-friedenskirche.de
info@ost-west-friedenskirche.de

Öffnungszeiten
In der Regel täglich zwischen ca. 11:00 und 17:00 Uhr, im Sommer oft länger. Bei schlechtem Wetter, anhaltendem Regen oder Schnee meist geschlossen.

36

Der Wackelwald bei Bad Buchau

Adresse
Ausgeschildert ab Parkplatz am Federseemuseum,
Federseemuseum Bad Buchau
August Gröber Platz
88422 Bad Buchau

Infos
NABU-Naturschutzzentrum Federsee
Federseeweg 6
88422 Bad Buchau
Tel: +49 / 75 82 / 15 66
www.nabu-federsee.de
info@NABU-Federsee.de

Touristeninformation
Marktplatz 6
88422 Bad Buchau
www.badbuchau.de
Tel.: +49 / 75 82 / 9 33 60

Öffnungszeiten
frei zugänglich

Im Naturschutzzentrum kann ein Rucksack mit Spielmaterialien zum Erkunden des Wackelwalds ausgeliehen werden.